W9-DDO-525

WITHDRAWN

GEOGRAFIA ESPERPENTICA

EL ESPACIO LITERARIO EN LOS ESPERPENTOS DE VALLE-INCLAN

Enrique Torner

University Press of America, Inc.
Lanham • New York • London

Library of Congress Cataloging-in-Publication Data

Torner, Enrique.
Geografía esperpéntica : el espacio literario en los esperpentos de
Valle-Inclán / Enrique Torner.
p.   cm.
Includes bibliographical references.
1. Valle-Inclán, Ramón del, 1866-1936--Criticism and interpretation.
2. Grotesque in literature. 3. Space and time in literature. I. Title.
PQ6641.A47T67   1996   868'.6209--dc20   95-43621 CIP

ISBN 0-7618-0180-4 (cloth: alk: ppr.)

⊖™The paper used in this publication meets the minimum
requirements of American National Standard for information
Sciences—Permanence of Paper for Printed Library Materials,
ANSI Z39.48—1984

Dedicado a mi esposa Paula, por el amor y la paciencia que me mostró mientras escribía la tesis, y a mis padres, en agradecimiento al apoyo y a la educación que siempre me ofrecieron.

A la memoria de Don Jaime del Valle-Inclán, quien despertó mi pasión por la obra de su padre en tertulias inolvidables.

Indice

PROLOGO

Este libro es una reelaboración de la tesis doctoral que presenté, bajo el mismo título, en el Departamento de Español de la Universidad de Indiana en diciembre de 1992. Aparte de las correcciones de estilo necesarias para adaptar la tesis a formato de libro, se han corregido ciertos errores de imprenta y de omisión y mejorado ciertos aspectos lingüísticos y de contenido. Esta obra se dedica a analizar los marcos espaciales presentes en los esperpentos de Valle-Inclán y demuestra cómo el espacio es un elemento profundamente es- tructurador en los esperpentos valle-inclanescos. Empleando un enfoque semiótico, se muestra cómo Valle-Inclán estructuró gran parte de sus obras en base a la organización de sus marcos espaciales, así como teniendo muy en cuenta su simbolismo. La importancia del simbolismo tiene su apogeo en *Luces de bohemia*, cuyo espacio -perfectamente circular- está distribuido en nueve espacios basados en los círculos del *Infierno* dantesco.

Dado que el espacio es un elemento estructurador de la obra literaria, este libro ofrece una visión general de la obra de Valle-Inclán desde una perspectiva completamente nueva: la del espacio. Por este motivo, este estudio podría ser de utilidad tanto al especialista como al estudioso de la obra valle-inclaniana, sea él estudiante de literatura o aficionado a Valle-Inclán. El carácter intertextual de este libro ayudará al lector a observar conexiones literarias existentes, tanto entre las distintas obras de Valle-Inclán, como con obras de otros autores. Confío en que el presente estudio proporcione en el lector una apreciación más profunda de la obra valle-inclanesca.

RECONOCIMIENTOS

En primer lugar, debo dar las gracias a mi esposa Paula por el estímulo y motivación que me ofreció para llevar a cabo la publicación de este libro. Sin su admirable paciencia y apoyo este libro nunca hubiera podido salir a la luz.

También debo dar las gracias a mis padres por todo el apoyo que me dieron durante la fase inicial de investigación, que tuvo lugar en España. Ellos hicieron posible una estancia en la Biblioteca Nacional de Madrid y mi asistencia a una conferencia internacional sobre Valle-Inclán en la Universidad Menéndez Pelayo, en Santander. Ellos fueron entonces -y son hoy todavía- fuente de motivación.

Agradezco a María Torner, mi tía, su apoyo económico. Gracias a ella pude comprar el ordenador con que escribí la tesis.

Agradezco la impagable colaboración del Profesor Luis Dávila, quien se prestó amablemente a dirigir la tesis en que está basado este libro y la leyó y corrigió con encomiable devoción. El ha sido y sigue siendo, no sólo mi mentor académico, sino un verdadero amigo siempre dispuesto a ayudarme, aconsejarme y motivarme en el terreno de la enseñanza y de la investigación de la literatura. También quiero dar las gracias a los demás miembros del comité de la tesis -Luis Beltrán, Heitor Martins y Frances Wyers- por sus valiosas sugerencias.

También debo mi agradecimiento a los miembros del Departa- mento de Lenguas Modernas de la Universidad de Mankato State, en Minnesota, por su apoyo incondicional, tanto académico como personal. Quiero dar las gracias especialmente a Patricia Longwell-Wera por el apoyo y la motivación que me ofreció para la publicación, no sólo de este libro, sino de otros proyectos de investigación, y por su amable labor de correctora de este manuscrito. Gracias también a Antonio Noguera, por haberme ayudado, con su conocimiento de Madrid, a localizar en el plano las dos últimas calles del Madrid antiguo que me quedaban por situar. Por último, debo expresar mi agradecimiento al Dr. Roland Nord, del Departamento de Inglés de Mankato State, por ayudarme a resolver problemas de impresión que tuve mientras pasaba el libro al formato requerido. Sin su ayuda, me habría sido imposible descifrar varios misterios de impresión que habrían impedido la publicación de este libro.

Agradezco a University Press of America su amable oferta de publicar mi libro en su editorial en tan corto espacio de tiempo; en particular, debo dar las gracias a Michelle Harris por haberse tomado la molestia en contestar todas las preguntas que me surgieron mientras preparaba el presente manuscrito para la imprenta.

Las citas de las obras de Valle-Inclán y de Darío aparecen con permiso de la editorial Espasa-Calpe.

Las citas del *The Herder Symbol Dictionary* aparecen con permiso de Chiron Publications.

Las citas del *Infierno* de Dante aparecen con permiso de Harvard University Press y de Mondadori.

INTRODUCCION

El presente libro es un estudio del espacio en los esperpentos de Valle-Inclán. El concepto del espacio abarca el espacio literario (por donde se mueven los personajes a lo largo de las obras), el espacio real (los emplazamientos o lugares reales que corresponden al espacio literario) y el espacio simbólico (que explica las alusiones a una segunda realidad que rebasa los límites de la obra individual). Por esperpento se entienden todas aquellas obras de Valle-Inclán que muestran una deformación grotesca de la realidad vista desde una perspectiva demiúrgica: es decir, desde un plano superior. Desde este punto de vista, se considera "a los personajes de la trama como seres inferiores al autor, con un punto de ironía" (*Valle-Inclán: Ficción y realidad esperpénticas* 48). El mismo Valle-Inclán explica cómo tradujo esta forma de ver la realidad a los esperpentos:

> Esta manera es ya definitiva en Goya y esta consideración es la que me llevó a dar un cambio en mi literatura y a escribir los *esperpentos*, el género literario que yo bautizo con el nombre de *esperpentos*.
> (Ibid. 49)

Las obras que se han seleccionado para este estudio no son, sin embargo, sólo las que Valle-Inclán bautizó como esperpentos, sino todas aquellas que presentan esta actitud deformadora.

Los géneros cubiertos abarcan, así, teatro y novela. Como Antonio Risco (11-12), José Ferrater Mora (27-28), Iris Zavala (153-54) y otros críticos han percibido, las obras de Valle-Inclán forman un mundo personal y único que supera todo tipo de delimitaciones de género. Ferrater afirma que

> el mundo esperpéntico de Valle-Inclán no se confina al manifestado en las obras que pertenecen formalmente al género, o subgénero, literario que el autor llamó "Esperpentos" -como en *Luces de bohemia* (*Esperpento*); *Los cuernos de don Friolera* (*Esperpento*); se infiltra en otros muy variados escritos del autor y de algún modo culmina en *El ruedo ibérico*, no titulado, o subtitulado, "Esperpento", pero formando el más vasto y complejo "esperpento" de todos los que confeccionó el autor. (27-28)

Esta actitud sistemáticamente deformadora proporciona unidad y unicidad a las obras esperpénticas, independientemente del género empleado: novela o teatro. Por ello se decidió basar este estudio en las obras que presentan esta actitud demiúrgica y esperpéntica, tanto si el empleado: novela o teatro. Por ello se decidió basar este estudio en las obras que presentan esta actitud demiúrgica y esperpéntica, tanto si el autor las calificó de esperpentos o no. La auto-referencia intertextual es el mecanismo fundamental que Valle utiliza para crear su cosmos literario: los personajes valle-inclanescos saltan de obra en obra y se encuentran situaciones similares a lo largo de ellas. El resultado de esta intertextualidad es la consecución de una obra total y unitaria. El estudio conjunto del teatro y la novela en Valle-Inclán es, por lo tanto, no sólo perfectamente válido, sino el apropiado.

Las obras que se van aquí a estudiar son: *Divinas palabras* (1920), *Luces de bohemia* (1920), *Martes de Carnaval* (*Los cuernos de Don Friolera* [1921], *Las galas del difunto* [1926] y *La hija del capitán* [1927]), *Farsa y licencia de la Reina Castiza* (1922), *Retablo de la avaricia, la lujuria y la muerte* (*La rosa de papel* [1924], *La cabeza del Bautista* [1924], *Ligazón* [1926] y *Sacrilegio* [1927]), *Tirano Banderas* (1926) y *El Ruedo Ibérico* (*La Corte de los milagros* [1927], *¡Viva mi dueño!* [1928] y *Baza de espadas* [1932]). *Luces de bohemia* y *Martes de Carnaval* tienen el subtítulo de "Esperpento", pero todas ellas comparten la perspectiva demiúrgica del género, así como varias de sus características: deshumanización de los personajes, humanización de animales y objetos, presencia de lo grotesco, teatralización de los personajes y "desgarro lingüístico" (Bermejo Marcos 28).

La premisa fundamental de este libro es que el espacio valle-inclanesco es, por lo general, simbólico, por lo que su significación no está limitada al lenguaje empleado, sino que tiende a adoptar un valor metafórico. Carol Maier llama a estos espacios "lugares maravillosos" y afirma que poseen "un profundo valor emotivo y estético" e incorporan "una multiplicidad de sugerencias religiosas, alusiones a la pintura y pasajes enteros tomados de libros ajenos" (220). En su artículo, la autora declara la existencia de una segunda realidad tras estas metáforas y defiende que ésta debería ser valorada como un elemento integrante de la estética de Valle. Tras definir lo que considera el "lugar maravilloso", Carol Maier pasa a analizar el valor emotivo y estético de tres de ellos: el jardín, el umbral y la alta mar. El presente libro reelabora este concepto y lo refunde en lo que llamaremos "marcos simbólicos", espacios que, además de tener este valor emotivo y estético, son fundamentalmente simbólicos. Este estudio pretende ir más allá de los tres "lugares maravillosos" estudiados por Carol Maier, e intenta una aproximación global al espacio valle-inclanesco, si bien basada en las obras esperpénticas.

El punto de partida de este libro es así similar al de Carol Maier. Aceptando el simbolismo del espacio valle-inclanesco, se impone un estudio semiótico o de signos. La premisa de la semiótica es que las palabras son signos de significación y ofrecen sugerencias múltiples. En base a esto, en este libro se analizará cómo los espacios existentes en la obra de Valle-Inclán apuntan a una segunda realidad oculta que contribuye a una comprensión más completa de la realidad literaria original. Iris Zavala ya demostró cómo el mundo de Valle-Inclán está articulado por medio de un sistema intersemiótico, clarificando que "las interpolaciones, glosas, intertextualidades, lugares comunes permiten precisar dentro de qué perspectiva se sitúa una visión del mundo" (167). Las obras del escritor gallego se explican, de este modo, entre ellas, cobrando un carácter cíclico sumamente importante para una cabal comprensión de su obra.

La estructura de las obras de Valle-Inclán, construidas, la mayor parte de ellas, a partir de una arquitectura simétrica (véase, por ejemplo, el estudio global de Bermejo Marcos) basada en números mágicos, refleja su carácter simbólico. La base de esta estructuración se halla en la Cábala, doctrina con la que Valle-Inclán estaba familiarizado, junto con la Teosofía y la Gnosis, como se aprecia en los ensayos que comprenden *La lámpara maravillosa*: "Gnosis", "El anillo de Giges", "Exégesis trina", "El quietismo estético", entre otros. El primer ensayo está, significativamente, titulado "Gnosis". El lenguaje, por otra parte, oculta un poder cabalístico. Según el autor afirma en esta obra, "toda palabra encierra un oculto poder cabalístico: es grimorio y pentáculo" (41). La influencia del ocultismo en Valle-Inclán ya ha sido parcialmente estudiada, especialmente por Speratti-Piñero, Carol Maier, Virginia Garlitz y Claire Paolini. Sin embargo, la mayoría de estos estudiosos han concentrado su atención en las obras tempranas de Valle-Inclán y en *La lámpara maravillosa*. Oldric Bêlic, como excepción, analizó *Tirano Banderas* desde la perspectiva cabalística, exponiendo su estructura simétrica (3):

Prólogo   7 partes   Epílogo
                              -
                              -
    - - -   -   - - -
   -      - - -   -   - - -   -
   - - -   -   - - -
                              -
                              -

El esquema describe la estructura de la novela: el prólogo compone el primer libro; tres capítulos, los libros 2 a 4; siete partes, el libro central; tres, los libros cinco a siete; y uno, el epílogo. La estructura es así simétrica. Estamos de acuerdo con Bêlic en que esta estructura es "el resultado de un esfuerzo arquitectónico consciente e intencionado" (3). Esto queda más evidente cuando el crítico añade que incluso el número de las apariciones de los personajes está sometido a la matemática del tres y del siete y que

> la acción abarca un lapso de 3 días... el marco está dividido, también significativamente, en 3 momentos. Y por añadidura, si el primero de estos momentos está colocado en el prólogo, el segundo aparece en el séptimo libro de la parte central, y el tercero en el tercer libro de la séptima parte. (3)

Este estudio pretende mostrar que *Luces de bohemia* es el máximo exponente de una estructura elaborada metafóricamente y que, a partir de esta obra, el espacio estético en Valle-Inclán adquiere una segunda realidad perfectamente definida por su estructuración. También se verá que *Luces de bohemia* no es un caso aislado, sino que es la culminación de un proceso consciente de estructurar las obras cabalísticamente, es decir, basando el número de sus partes en números mágicos. Un bosquejo de la estructura de las obras del autor demostrará el valor metafórico de éstas.

El primer capítulo de este estudio ofrecerá un análisis de la estructura de las obras de Valle-Inclán, en donde se verá cómo la mayoría de ellas están basadas en números mágicos. A continuación se relacionará este procedimiento con la Cábala y doctrinas afines, fundamentando esto con referencias del mismo Valle-Inclán. En base a esto se ofrecerá una nueva revaloración del concepto del esperpento, en la que se pondrá en perspectiva cómo esta estructuración matemática de las obras proporciona una comprensión más sistemática del género inventado por el autor.

El segundo capítulo analiza específicamente la estructura oculta en *Luces de bohemia*, mostrando cómo esta obra refleja la elaboración consciente más compleja de una estructura alegórica. En base al peregrinaje de Máximo Estrella, se observará cómo *Luces de bohemia* ofrece, a partir de su estructura, una lectura alegórico-paródica del *Infierno* de Dante: una vez dividido apropiadamente el esperpento, cada una de sus partes resulta parodiar uno de los círculos del *Infierno*. Tras haber demostrado la consciente elaboración simbólica del espacio por parte de Valle-Inclán en *Luces de bohemia*, en el tercer capítulo se clasificarán los espacios que comprenden los esperpentos en su totalidad y se procederá a su estudio. Los espacios quedan así clasificados en los siguientes marcos simbólicos: el marco de la casa, los marcos naturales, los marcos de pasaje, los marcos religiosos, los marcos de entretenimiento y los marcos de lujo. Este sistema de clasificación organiza y agrupa de un modo cabal el alto número de lugares en que tienen lugar las escenas de los esperpentos, tanto teatrales como narrativos, proporcionando orden y coherencia al estudio. Un análisis secuencial y cronológico de los espacios hubiera sido extremadamente monótono y no habría proporcionado una clasificación adecuada de los espacios.

El capítulo cuatro cambia de perspectiva y examina cómo Valle-Inclán describe y considera los espacios geográficos en que sus obras están enmarcadas: Galicia (*Divinas palabras* y *Los cuernos de don Friolera*), Madrid (*Luces de bohemia*, *La hija del capitán*, *Las galas del difunto*, *La Corte de los milagros* y *¡Viva mi dueño!*), Andalucía (*Sacrilegio*, *¡Viva mi dueño!* y *Baza de espadas*), Inglaterra (*Baza de espadas*) y México/Hispanoamérica (*Tirano Banderas*). Esto proporcionará una idea de cómo aparecen descritas estas regiones y naciones y de la actitud del autor respecto a ellas. Se incluirán aquí ciertas consideraciones sociales y políticas.

El capítulo cinco está destinado a estudiar el método por el que Valle elabora la descripción del espacio. Distinguiendo entre espacio escénico y novelesco, se analizará el espacio en las obras teatrales y las novelescas, por separado, viendo las semejanzas y diferencias en su construcción. Se verá cómo la descripción del espacio escénico sigue determinados patrones: la localización de la escena; descripción del tipo de iluminación y de la decoración; presentación de los personajes; e indicación de la presencia de sonido ambiental y de animales. El método de introducción del espacio narrativo no resulta tan sistemático, sino que es más espontáneo, predominando el empleo del "zoom" cinematográfico.

En la conclusión se intenta una revaloración del esperpento a partir de los aspectos estudiados del espacio valle-inclanesco. Se explica la importancia del espacio y de su valor simbólico para comprender el método de estructuración de los esperpentos, el cual está muy relacionado con el proceso de deformación de los espejos cóncavos: ambos funcionan como lentes convergentes por medio de los cuales el autor observa la realidad que lo rodea.

Capítulo 1

La estructura de las obras de Valle-Inclán

Valle-Inclán siempre prestó una gran atención a la estructura de sus obras. Su interés por una elaboración arquitectónica de éstas se refleja en la simetría con que la mayoría de sus obras están construidas. Varios críticos han señalado esta simetría (Bermejo Marcos, Cardona y Zahareas, María Eugenia March, entre ellos), si bien ninguno de ellos ha realizado un estudio global de las estructuras. Bermejo Marcos, quien demuestra tener más interés por esa estructura global, destaca la circularidad de algunas obras de Valle-Inclán, mostrando, con ilustrativos gráficos, el método arquitectónico que utiliza el escritor. Estas obras están estructuradas, según declara, en "círculos concéntricos" (295). Una breve mirada a las estructuras bastará para entender aún mejor su importancia.

La lámpara maravillosa (1916), libro clave para entender la filosofía de Valle-Inclán, como bien ha demostrado Carol Maier (1987), ya refleja la atracción del escritor por la simetría y los números mágicos. Maier destaca el empleo común de números mágicos en la obra valle-inclanesca y rastrea sus fuentes místicas, teosóficas y cabalísticas. Las cinco partes de La lámpara maravillosa reflejan las preocupaciones ocultistas del autor: "El anillo de Giges", "El milagro musical", "Exégesis trina", "El Quietismo estético" y "La piedra del sabio."

"El anillo de Giges" tiene siete partes. "El milagro musical", diez. "Exégesis trina", nueve. "El Quietismo estético", diez. "La piedra del sabio", siete. El número de los capítulos de las partes son, pues, perfectamente simétricos: 7-10-9-10-7. *La lámpara maravillosa* empieza y termina con un capítulo de 7 partes, lo que convierte la estructura del libro en circular. Es significativo que "Exégesis trina" tenga nueve partes, ya que nueve es el producto del tres (3x3=9). Es, pues, muy improbable que el autor no elaborara toda esta estructura conscientemente, de lo que se deduce que su juego con los números tiene algún objeto específico. Esto se verifica cuando vemos que los números 3, 7 y 9 predominan en la estructuración de la mayoría de las obras del autor. El tres y el siete son números de un simbolismo mágico muy arraigados en la tradición: recuérdese la Santa Trinidad y el candelabro de los siete brazos, por ejemplo. El nueve también tiene una larga historia que se remonta a los árabes y que Dante recogió en la *Divina Comedia*, a principios del siglo XIV, al dividir cada una de sus partes en nueve círculos. Valle-Inclán estaba, pues, retomando este simbolismo para otorgar simbolismo mágico a sus obras.

El interés de Valle-Inclán por la cábala se evidencia en las múltiples referencias a ella diseminadas a lo largo de muchas de sus obras, pero se aprecia en toda su intensidad en *La lámpara maravillosa*. Aunque Zamora Vicente afirmó, en su introducción a *Luces de bohemia*, que este libro no es más que una lámpara de aceite rancio, un puro ejercicio modernista carente de un profundo conocimiento sobre el ocultismo y la mística, ya Carol Maier y Virginia Garlitz han demostrado que los ensayos que comprenden este libro reflejan un dominio y un interés serios por la cábala, la teosofía, la gnosis y el misticismo. Garlitz rastrea las fuentes del ocultismo modernista y señala la amistad que Valle-Inclán sostuvo con Mario Roso de Luna, discípulo de Madame Blavatsky, fundadora de la Sociedad Teosófica y autora de *La Doctrina Secreta* (libro en que explica el significado de la teosofía). Otro teósofo que era muy buen amigo de Valle era Rafael Urbano, así como Ciro Bayo, quien también tenía inclinaciones ocultistas y era la contrafigura de Gay Peregrino en *Luces de bohemia*. Bayo adaptó al castellano *Las larvas del ocultismo*, de Ilion Billingbrook, en el que se explicaba el significado y el origen de la cábala, la gnosis, la teosofía, la magia y otras corrientes ocultistas, además de exponer sus símbolos principales. Este libro podría haber servido a Valle-Inclán, dada su amistad con Ciro Bayo, para conocer mejor el sentido del ocultismo y emplear sus símbolos esotéricos en sus obras. Según Billingbrook, la cábala significa etimológicamente transmisión oral y "es una pretendida sabiduría divina perpetuada y propagada entre los judíos por una tradición secreta" (7). Los libros cabalísticos son, por excelencia, el *Yetzirah* y el *Zohar*, los que sientan el fundamento principal de esta ciencia:

> la interpretación de la Biblia y el arte de hallar significaciones ocultas en la descomposición de ciertas palabras. El que posee ese saber prodigioso llega a producir maravillas por la sola virtud de esas palabras pronunciadas de cierta manera; es profeta y taumaturgo, alcanza facultades negadas a los demás hombres... (8)

Valle-Inclán comunica bien claramente en *La lámpara maravillosa* su obsesión por el poder oculto de la palabra. Entre sus muchas afirmaciones al respecto, destaca su declaración siguiente: "son las palabras espejos mágicos donde se evocan todas las imágenes del mundo" (58).

La Cábala, a su vez, según Billingbrook,

> influye en los *gnósticos*, secta filosófica que pretendía un conocimiento -gnosis- superior y secreto del ser divino y del origen del mundo, que mezclaba los dogmas religiosos de los persas y cristianos... En ellos revive la doctrina cabalística de explicar las cosas más ocultas y difíciles por la significación de los números, de las letras y palabras de la Biblia... (9-10)

Este pasaje es sumamente significativo, pues *La lámpara maravillosa* comienza precisamente con un ensayo sobre la Gnosis, en donde afirma buscar "la suprema comprensión del mundo" (8). Esto se alcanza, según el autor, por medio de la contemplación del mundo y de la búsqueda del conocimiento divino (8).

Billingbrook también habla de la magia, la que define como "la ciencia de adueñarse de conocimientos y poderes sobrenaturales y estar en contacto con dioses, genios y demonios" (13). Esta comprende las "artes adivinatorias, interpretaciones de sueños, secretos de ultratumba, astrología judiciaria, evocaciones demoníacas, horóscopos, etc." (13), muchos de los cuales se aprecian en las obras de Valle, especialmente en las *Sonatas*, *Divinas palabras* y las otras obras de su primera fase modernista. Habría que añadir que Billingbrook dedica un capítulo a los signos y emblemas cabalísticos, en el que destaca su descripción del círculo mágico y de los talismanes y su explicación del "mal de ojo", al que define como "la facultad de comunicar enfermedades con los ojos" (71) y de influenciar en la voluntad de otros por medio de la mirada (69-71). Como se verá, en la obra de Valle-Inclán abundan las referencias a círculos mágicos y a personajes poseídos del "mal de ojo". Finalmente, Billingbrook termina aclarando el significado de la teosofía, originada en las revelaciones del iluminismo:

> La Teosofía estudia la manera especial de conocer al Universo y al hombre, [y] sus doctrinas se relacionan con el ocultismo más que las teológicas.
> El gran principio teosófico es la existencia de un medio tenue e imponderable, la *luz astral* de los filósofos de la Edad Media que penetra el mundo a manera de una enorme máquina hipnotizadora en torno de los hombres. (112)

La luz astral también recibe el nombre de "alma mundi", "luz sideral", "éter lumínico" y "materia radiante" (113), que era el conocimiento contemplativo que Valle perseguía y que vio reflejado en el Quietismo de Miguel de Molinos, tan admirado por él, como se refleja en *La lámpara maravillosa* y otras obras suyas. Tanto Molinos como los místicos medievales recogen esta tradición y la reelaboran.

No se pretende aquí ser exhaustos en la relación de Valle-Inclán con el ocultismo, pues ya se ha escrito sobre el tema (Speratti-Piñero, Maier y Garlitz especialmente), pero sí debe señalarse el importante papel de los modernistas al respecto, ya que, encabezados por Rubén Darío y Lugones, recuperaron las corrientes ocultistas. Las fuentes ocultistas del modernismo han sido estudiadas por Ricardo Gullón, quien afirma

> que las doctrinas esotéricas atrajeran a los modernistas por cuanto tienen de aproximación al misterio es cosa que me parece segura; las entendieron como impulsos órficos de penetración en la sombra y, desentendiéndose de otras particularidades, buscaron en ellas la clave perdida de los enigmas radicales de la existencia: de la vida y de la muerte y del más allá. (70)

El interés por el ocultismo también estaba entonces presente en otros escritores de raíz celta, especialmente en W.B. Yeats, así como, por supuesto, en muchos escritores europeos de la época justamente anterior (Gérard de Nerval, por ejemplo) o contemporánea (J.K. Huysmans y Henry Barbusse, por citar los más sobresalientes). *La lámpara maravillosa* viene a ser el desarrollo de esta búsqueda de la explicación del enigma de la existencia y del conocimiento universal que tanto obsesionaba a estos escritores. Y el misticismo medieval fue una de las fuentes a las que acudió Valle con este objeto.

El pasajero (1920) es la parte central del libro de poemas de Valle-Inclán, *Claves líricas*, si bien es la última sección que publicó, pues *Aromas de leyenda* apareció en 1907 y *La pipa de Kif*, en 1919. Es sumamente revelador que *El pasajero* está compuesto de 33 poemas numerados, mientras que las otras partes componen catorce y dieciocho poemas respectivamente. Esto sugiere que la estructura de *El pasajero* sufrió un tratamiento especial paralelo al de otras obras publicadas ese mismo año y posteriormente. El tres, número en el que se basa el 33, es un número muy importante y trascendente para la cábala, para quien la numerología ocupaba un papel fundamental. *La Divina Comedia* está compuesta de tres cantos y, a su vez, cada canto comprende 33 partes. Como se sabe, su estructura es circular, es decir, concéntrica, pues empieza y termina en el mismo punto. La influencia de Dante en Valle-Inclán es aquí patente, probable influencia del prerrafaelismo existente en la época modernista del autor (véase Eva Llorens, *Valle-Inclán y la plástica*). Esta autora, así como otros críticos, señalan la influencia prerrafaelita de la descripción desdibujada de la mujer sobre un fondo natural.

La influencia dantesca, sin embargo, alcanza su máximo apogeo en *Luces de bohemia*. Es de señalar que en 1920, año de publicación de este esperpento y de *El pasajero*, Valle-Inclán también publicó *Divinas palabras*, posible alusión a *La Divina Comedia*. Debe recordarse que ese mismo año se estaba preparando en Madrid el sexto centenario de la muerte de Dante, que tendría lugar en 1921. El Ateneo, que tanto frecuentaba Valle, celebró muchas conferencias en su homenaje, y se publicaron nuevas ediciones de *La Divina Comedia*.

Divinas palabras también muestra una estructura simétrica basada en números llamados mágicos. Está dividida en tres jornadas. La primera y la tercera contienen cinco escenas, mientras la central, diez, por lo que su estructura es concéntrica, porque empieza y termina con el mismo número de escenas. El tres es un número con simbolismo mágico, como vemos a continuación en *Herder*:

Three. The universal symbolic meaning of three probably relates to the elementary experience of productive fulfillment in the trinity of man, woman, and child. Three also forms the basis of numerous systems and ideas of order. For example, in Christianity there are the three virtues of faith, love, and hope... the triune God is often

graphically represented as the unity of three persons (the Trinity)...
(196)

El tres representa así el elemento mediador entre lo humano y lo divino, así como Pedro Gailo, el sacristán de San Clemente, ejerce el papel de intermediario entre los dos mundos en *Divinas palabras*.

El cinco, tan importante en la estructura de *Divinas palabras*, también tiene su simbolismo. *Herder* lo resume así:

> **Five.** For the Pythagoreans it symbolized marriage and synthesis as the union of two and three... Five played a special role in China as symbol of the midpoint (see CENTER)... The alchemists sought in the quintessence (the fifth essence, i.e., the fifth element in addition to the other four) the spirit that generates and preserves life... (77-78).

Es interesante que *Divinas palabras* presenta, ante todo, la historia de un adulterio. El hecho de que Valle-Inclán conociera el simbolismo de los números hace bien posible que pretendiera convertir la obra en una sátira paródica del matrimonio, simbolizado por el cinco. En cuanto al diez, es una clara referencia a la unidad y al círculo:

> **Ten.** As the sum of the first four numbers, and the number of fingers on both hands, 10 is a holy number and a symbol of totality. For intellectual systems based on the decimal system, it is a symbol of return to unity on a higher level and of the CIRCLE closing on itself. The number 10 played an important role for the Pythagoreans. (193)

El empleo del número diez para la estructuración de la obra tenía así el objeto de otorgarle un valor sagrado, así como un carácter de unidad y circularidad.

Martes de Carnaval (1930) contiene tres esperpentos. El primero, *Los cuernos de don Friolera* (1921), está compuesto de un prólogo, 12 escenas y un epílogo, lo que le otorga simetría y circularidad en base a estos números. A continuación, tanto *Las galas del difunto* (1926) como *La hija del capitán* (1927) tienen siete partes. El siete es un número mágico que tiene una larga tradición. Recuérdense las siete maravillas del mundo, el candelabro de los siete brazos, los siete días de la semana, los Siete Sabios de Grecia, las siete notas musicales, *Los siete contra Tebas*, por nombrar sólo unos pocos. La importancia del siete es constante a lo largo de la historia. *The Herder Symbol Dictionary* explica así la significación del siete:

A number regarded since antiquity as holy, probably because of the four different phases of the moon, each of which measures seven days, seven is a number of completion and fulness. It unites the sky symbolism of THREE with the terrestrial symbolism of FOUR. (170)

La importancia del siete es que tiene un centro (el cuatro) rodeado del tres en ambas direcciones, lo que otorga simetría a la estructura de la obra. Esto corresponde a la circularidad y simetría del espacio, pues *Las galas del difunto* empieza y termina en "La casa del pecado", enlazando el principio con el final. Los otros dos esperpentos, basados en el siete, muestran una estructura lineal.

En cuanto a *Los cuernos de don Friolera*, las doce partes de que se compone otorgan a la obra el mismo sentido de totalidad:

Twelve. The fundamental number of the duodecimal system (used by the Babylonians) and of the sexagesimal system, it was thus a sacred, lucky number and a symbol of spacio-temporal fulfillment or wholeness... In the Bible and in Christian symbolism, twelve plays a major role as the symbol of completeness and perfection. It is the number of the sons of Jacob and hence of the tribes of Israel; of the gems on the breastplate of the Jewish high priest; of the apostles; of the gates of the Heavenly Jerusalem... (205)

Las escenas I y XII tienen lugar en San Fernando del Cabo, otorgando circularidad a la obra. Las estructuras de los tres esperpentos cobran así un sentido de unidad, conseguida a partir de su estructuración en base a estos números mágicos.

El Ruedo Ibérico comprende tres libros, si bien el último, *Baza de espadas* (1932), no fue terminado por el autor. El primero, *La Corte de los milagros*, comprende nueve libros, así como *¡Viva mi dueño!*. El nueve, que ya había aparecido en la estructura de la parte central de *La lámpara maravillosa*, cobra máxima relevancia en Valle-Inclán por influencia dantesca, como se apreciará en el estudio de *Luces de bohemia* del capítulo siguiente. Es otro número que denota unidad, totalidad y circularidad, como señala Cavendish:

Nine is another magically powerful number because it reduplicates the power of three... Nine is a number of completeness, because a human child is conceived, formed and born in nine months. Nine completes the series of the essential numbers... Nine stands for great spiritual and mental achievement in numerology, because it is the last and highest

of the numbers from 1 to 9 and so it denotes the 'highest' qualities...
It always returns to itself. (75-76)

Esta circularidad de *El Ruedo Ibérico* se aprecia en la estructuración
de su espacio, pues, como señala Bermejo Marcos, tanto *La Corte de
los milagros* como *¡Viva mi dueño!* empiezan y terminan en el mismo
escenario: la primera empieza y termina en el Palacio Real, mientras
que la segunda lo hace en escenarios múltiples que presentan conjuras
revolucionarias. Bermejo ofrece círculos como gráficos explicativos de
la estructuración del espacio que son sumamente ilustrativos y reve-
ladores. *Baza de espadas*, sin embargo, no comparte esta estructura,
probablemente por haber quedado incompleta. Pero los dos primeros
libros revelan el alto grado de elaboración arquitectónica existente en la
estructuración de las obras de Valle-Inclán.

    Tirano Banderas representa una culminación de este proceso caba-
lístico, pues, como se vio en la introducción, está estructurado en base
al tres y al siete. Oldric Bêlic señaló la simetría de sus siete partes:

> Las tres primeras y últimas partes comprenden tres libros. La cuarta
> parte, la central, contiene siete libros. Las siete partes están predecidas
> por un prólogo y completadas por un epílogo: simetría perfecta. (3)

Verity Smith explica el posible motivo por el que Valle-Inclán escogió
el tres y el siete para estructurar su novela:

> According to the Gnostics, matter was evil and fate had seven
> demonic agents. The world of phenomena emanated from the triadic
> harmony of Being, Life and Intellect. Thus the association of 7 with
> evil and of 3 with good could well represent the confrontation of the
> two conflicting forces in the novel: tyranny incarnate in Santos
> Banderas, and liberty in the characters of Filomeno Cuevas and Roque
> Cepeda. If this hypothesis is accepted, then the fact that the central
> section (IV) contains 7 books implies that Valle took a very pessimistic
> view of the revolution's prospects. (14)

Esta asociación del 3 con el bien y el 7 con el mal es muy iluminadora
del simbolismo de los números, y clarifica la correspondencia de los
números con el contenido de determinadas obras. Susan Kirkpatrick
descubrió que esta simetría no es sólo estructural, sino que refleja la
estratificación social de la novela:

La simetría de la posición y de los temas de las divisiones principales de la novela da como resultado una especie de estructura de capas que representa aproximadamente la jerarquía de los grupos sociales en el mundo novelístico... en donde I y VII se centran en la esfera del dictador, II y VI en el cuerpo diplomático y la colonia española, III y V en un *demi-monde* de pequeños burgueses y marginados y IV en el indio y pequeño terrateniente, los que finalmente se unirán para formar la fuerza revolucionaria. (452)

La acción narrativa, según Kirkpatrick, también resulta ser simétrica, siguiendo unas pautas de causa y efecto:

En la última mitad de la novela, el relato vuelve a los sucesos que se habían suspendido al final de III, sigue sus múltiples hilos a través de la jerarquía social en orden inverso, regresa al dictador y muestra la realización de los planes que presentó en la primera mitad con el arresto del líder opositor, la presión sobre el Ministro de España y la escaramuza con los representantes de los poderes extranjeros. (455)

La estructura cabalística de la novela refleja así un contenido social y argumental que ha sido cuidadosamente elaborado.

Las galas del difunto y *La hija del capitán*, como vimos, están basadas en el 7, y ambas presentan fuerzas demoníacas como protagonistas de sus obras: Juanito Ventolera representa la profanación de lo sagrado en la primera obra, mientras que el asesinato, claro acto contra el Bien, cobra un papel central en la segunda. En cambio, *La Corte de los milagros* y *¡Viva mi dueño!* presentan personajes en lucha contra el mal, incluyendo incluso milagros, sucesos de obvio origen divino, como los de la monja Patrocinio.

La estructura de *Luces de bohemia* constituye un caso aparte, pues su estructura, pese a ser menos evidente, constituye el único ejemplo de una obra de Valle construida sobre la estructura de otra, el *Infierno* de Dante. La base de este paralelismo se halla, precisamente, en el espacio, por lo que adquiere importancia capital en esta tesis, pues demuestra cómo el espacio estructura el esperpento y, a su vez, le otorga una lectura simbólica. Dedicaremos un capítulo entero a demostrar este paralelismo estructural.

Las obras iniciales de Valle-Inclán, el *Retablo de la avaricia, la lujuria y la muerte* y la *Farsa y licencia de la Reina Castiza*, no ofrecen, sin embargo, estructura especial alguna. La primera obra es un conjunto de cinco pequeños autos dramáticos, mientras la segunda es una farsa en verso sin división apreciable.

Capítulo 2

El espacio en *Luces de bohemia*

1. El espacio textual

Se denomina aquí espacio textual al formado por los lugares que los personajes visitan a lo largo de la obra, tal como se hallan identificados en ella, independientemente de su conexión con la realidad. Para comprender el funcionamiento apropiado de la estructuración del espacio en *Luces de bohemia*, se debe considerar como eje principal a Max Estrella, el protagonista de la obra. Su recorrido por las calles de Madrid se convierte así en un peregrinaje lineal que alcanza categoría estética y, a partir de él, se puede dilucidar la estructuración del espacio de *Luces de bohemia* y comprender su sentido más profundo.

Como ya han señalado algunos críticos, la estructura de este esperpento es consistente y lineal. Sumner M. Greenfield defiende así la simetría de *Luces de bohemia*: "La simetría arquitectónica es para Valle-Inclán en estos años crucial e inseparable de la temática" (25). Estamos de acuerdo en lo de la importancia que Valle-Inclán daba a la simetría de sus obras, aunque no en el modo en que la presenta Greenfield en *Luces de bohemia*. Como se verá más adelante, este esperpento tiene una estructura circular, basada en los círculos del *Infierno* dantesco, siendo la única simetría existente el que la obra empiece y termine presentando a Max Estrella en su casa.

María Eugenia March ya observó esta circularidad cuando calificó la estructura de *Luces de bohemia* de concéntrica, basándose justamente en que la acción se desarrolla siguiendo los siguientes escenarios: casa-calle-casa. La estructura de *Luces de bohemia* es, de este modo, circular: empieza y termina en la casa de Max Estrella. Esta circularidad está apoyada por los datos temporales de la obra, la cual, como se observará, empieza y termina al rayar el día. El hecho de que cada espacio recorrido por Max Estrella tiene lugar en un escenario distinto, y de que la última escena tiene lugar primero en una costanilla para llevar al poeta de vuelta a su casa, en cuyo umbral muere, conduce a pensar en esa jornada como una metáfora del peregrinaje de la vida. La linealidad de los espacios es, pues, evidente. Carlos Alvarez Sánchez también opina que la estructura de la obra es lineal, si bien su estructuración se basa en "el ciclo de tensión de su ritmo dramático" (25). Según el crítico, la tensión dramática empieza siendo baja y va escalando progresivamente hasta que Max Estrella es encarcelado, bajando súbitamente a continuación para volver a subir hasta alcanzar su máximo grado con la muerte del poeta. Pero esta teoría no es consistente con la parodia de la bajada a los infiernos que representa el esperpento. Tal como se demostrará más adelante, la acción de *Luces de bohemia* representa una constante degradación del ser humano (que termina en muerte) que es paralela al descenso de Dante y Virgilio al infierno.

Otro aspecto que contribuye a comprender la linealidad y consistencia de la estructura interna de la obra es la correspondencia existente entre los espacios textuales o literarios y los lugares reales que existieron en el Madrid de la época, así como observar que estos lugares reales estaban emplazados en un orden correspondiente al de los espacios textuales. Es decir, que la situación de los escenarios en el plano del Madrid finisecular muestra un trayecto lineal que puede ser recorrido a pie en el orden de los escenarios de *Luces de bohemia*. Del mismo modo, se verá cómo cada espacio tiene un paralelismo en el círculo correspondiente del *Infierno* de Dante, de lo que se deducirá la categoría simbólica del espacio en *Luces de bohemia*.

La base para entender la estructura de este esperpento es el espacio textual, por lo que se empezará reseñándolo. Si se observan los lugares que visita Max Estrella en Madrid, se percibe que ascienden exactamente a nueve, que son los siguientes:

1º Casa de Max Estrella (Escena I)
2º Cueva de Zaratustra (Escena II)
3º La taberna de Pica Lagartos (Esc. III)
4º La Buñolería Modernista (Esc. IV)
5º Ministerio de la Gobernación (Esc. V, VI y VIII)
6º El Café Colón (Esc. IX)
7º "Paseo con jardines" (Esc. X).
8º "Una calle del Madrid austriaco" (Esc. XI).
9º "Costanilla" (130); "umbral de su puerta" (Esc. XII).

Es de destacar que el noveno espacio se halla dividido entre la calle y el umbral de la casa de Max Estrella. Este traslado de localidad permite la existencia de nueve espacios, así como lleva a Max de vuelta a su casa, otorgando circularidad a su peregrinación, ya que es también allí donde empezó la acción.

La Escena VII, que transcurre en la redacción de "El Popular", no se halla incluida en estos nueve espacios porque Max no aparece en ella. Esta es la escena en que los poetas modernistas, los amigos de Max Estrella, piden ayuda al director del periódico para sacar a Max de la cárcel.

Las últimas tres escenas forman un epílogo a la acción principal, que consiste en el último día de la vida del poeta Max Estrella, representado en los nueve espacios reseñados. La escena XIII transcurre en el guardillón de Max Estrella, en donde su viuda y su hija lloran ante su ataúd. La escena XIV tiene lugar en el cementerio del Este, donde lo entierran. La escena XV presenta a Latino en la taberna de Pica Lagartos, gastándose el dinero del décimo de lotería premiado que ha robado a Max Estrella antes de que éste muriera.

Los nueve espacios indicados muestran una constante degradación moral del poeta y de su lazarillo, Don Latino de Hispalis. La acción empieza en casa de Max Estrella, donde se hallan su esposa, Madame Collet, y su hija, Claudinita, los únicos personajes no deformados por el autor: su inocencia, el tono de la escena y la escasa deformación de los personajes muestran el espacio más puro. Es cuando Max y Latino salen a la calle cuando la degradación empieza.

En la librería de Zaratustra presenciamos el principio del rebajamiento físico y moral de los personajes. El librero es animalizado esperpénticamente: "abichado y giboso -la cara de tocino rancio y la bufanda de verde serpiente-" (14). El intento de engañar a Max en el precio de unos libros refleja su carácter fraudulento.

Los siguientes dos escenarios, la taberna de Pica Lagartos y la Buñolería Modernista, presentan a los personajes dedicados al juego, a la bebida y, por último, a insultar a las autoridades. Max, por ejemplo, en plena discusión en la taberna, afirma que "¡Castelar era un idiota!" (32); el chico de la taberna alude a "¡Un marica de la Acción Ciudadana!" (37); y, en la Buñolería Modernista, todos terminan atacando a Maura (49). Todo esto culminará con el enfrentamiento de Max y Latino con la policía y con el consiguiente encarcelamiento de Max Estrella. La deformación esperpéntica alcanza aquí hasta a las autoridades policiales y políticas.

La cárcel representa otro peldaño en dirección al centro del infierno. Esta se halla en el Ministerio de la Gobernación, donde sufre Max su encierro. El encuentro de Max con el anarquista catalán lleva a aquél a un grado mayor de indignación, especialmente cuando hablan de la aplicación de la ley de fugas. Durante la visita de Max al Ministro, el poeta se queja del mal trato que ha recibido de la policía, riéndose de ésta en sus declaraciones. La descripción final del Ministro es sumamente grotesca, deformándole esperpénticamente: "Su Excelencia, trípudo. repintado, mantecoso, responde con un arranque de cómico viejo..." (98). La sátira a las autoridades ha llegado a las esferas más altas.

Tras ser liberado de la prisión, Max se dirige al Café Colón, donde encuentra al poeta Rubén Darío. Mientras toman unas copas, charlan sobre la muerte de modo blasfemo, llegando incluso a parodiar la Santa Cena, como se verá cuando se discuta el carácter simbólico del espacio de la obra. Se ha llegado así a una degradación aún mayor: la de la religión.

Esta degradación moral sigue aumentando en el siguiente espacio, cuando Max y Latino se regocijan en un paseo con jardines con dos prostitutas: la Lunares y la Vieja pintada. Si la irreverencia había consistido antes en palabras, ahora se ha convertido en acción: la degradación ha proseguido.

Los últimos dos espacios culminan este proceso hacia la muerte. En el octavo espacio, en una "calle del Madrid austríaco", se presencia la muerte de un niño inocente en brazos de su madre como consecuencia de los tiroteos de la policía con unos manifestantes. Finalmente, el último espacio testimonia el abandono de Max Estrella por Latino, quien le roba el abrigo y la cartera para dejarlo morir de frío. La degradación moral del individuo ha llegado a su clímax.

2. Espacio real

El propósito de este apartado es demostrar que cada espacio nombrado en la obra corresponde a un lugar determinado y concreto del Madrid de la época. Las fuentes empleadas para esta investigación han sido planos y directorios madrileños del primer cuarto de este siglo. El fruto de este trabajo es esta ruta de Max Estrella que se propone a continuación.

Valdría decir que las calles y plazas identificadas pertenecen al casco antiguo de Madrid. El hecho de que los espacios textuales tienen correspondencia con el Madrid real de fin de siglo y de que su situación cuadra con el orden en que aparecen en el texto demuestra la linealidad de la estructura espacial de *Luces de bohemia*. Por supuesto, también demuestra el fondo real en que la acción de la obra está basada. Finalmente, esta estructura espacial será consistente con su estructura simbólica, que formará la parodia del *Infierno* de Dante.

En primer lugar, se expondrán, una por una, las correspondencias reales que tiene cada espacio literario, sin detenerse en explicaciones, y luego se justificarán adecuadamente. Las calles corresponden a las de la época, y su situación en el plano puede observarse en el apéndice incluido al final del libro.

1º *Casa de Max Estrella*: calle San Cosme.
2º *Cueva de Zaratustra*: c. Pretil de los Consejos.
3º *Taberna de Pica Lagartos*: c. Montera.
4º *Buñolería Modernista*: c. Augusto Figueroa, 35.
5º *Ministerio de la Gobernación*: Puerta del Sol, 7.
6º *Café Colón*: c. Colón.
7º *"Paseo con jardines"*: Paseo de Recoletos.
8º *"Calle del Madrid austriaco"*: c. Felipe IV.
9º *"Costanilla"*: costanilla de los Desamparados.
   Casa de Max Estrella: c. San Cosme.

1º) Para situar la casa de Max Estrella, las propias declaraciones de éste en la escena quinta son suficientes: "SERAFIN EL BONITO.-

¿Dónde vive usted? MAX.- Bastardillos. Esquina a San Cosme. Palacio" (61).

"Esquina a San Cosme". La calle San Cosme está inscrita en las guías de Madrid de los años 1900 a 1920. Esta calle corresponde a la actual calle Fourquet, que hoy hace esquina con la calle San Cosme y San Damián.

"Bastardillos". No se han hallado referencias de esta calle en ningún directorio de la época, ni en planos. Se constata, pues, el carácter paródico del término que otros críticos ya han apuntado: bastardillo, diminutivo de bastardo, de clase baja.

Existe, sin embargo, la calle Bastero del Rey. Luis Martínez Kleiser explica así el origen de su nombre:

> Bastos... eran, según Covarrubias, "cierto género de clitelas o albardas que usan llevar las acémilas de **Palacio**", más la circunstancia de haber estado la acemilería de S.M. en la esquina de las calles que hoy se llaman de las Velas y de Santa Ana, inmediata a la que es objeto de este párrafo, deducimos, sin temor a equivocarnos, que la calle recibió su nombre por haber vivido en ella el "bastero" que hacía los "bastos" para las acémilas del Rey. (s/p)

"Bastardillos" y "Palacio" se comprenden así en interrelación mutua. Recuérdese que, en un momento de obnuvilación, Max llega a ver la Moncloa: "MAX.- ¡Espera, Collet! ¡He recobrado la vista! ¡Veo! ¡Oh, cómo veo! ¡Magníficamente! ¡Está hermosa la Moncloa!" (8).

Lo más probable es que estas dos citas fueran un juego paródico de Valle-Inclán, un juego de ambigüedades. Con el término, Max Estrella quizá pretendía llamar "bastardos", "bastos", a los burócratas del "Ministerio de la Gobernación", al tiempo que aludía al sotabanco en que vivía, que, pese a ser humilde, estaba "para servir al rey" (oficio del bastero, como aclaraba la cita). Su linaje, su orgullo y su vinculación al carlismo ayudan a comprender su reacción.

Estos datos configuran la casa de Max Estrella, que no sabemos si concuerdan con la verdadera dirección de su contrafigura, Alejandro Sawa, pues éste no aparece en ninguno de los directorios consultados. Es posible que Sawa viviera con su hermano Miguel, periodista y director del periódico *Don Quijote* (1905), autor de un libro de relatos (*Historias de locos*), en la calle Luisa Fernanda, 13, 3º izquierda. Se halla inscrito en esta dirección en los años 1905 y 1906.

Por otra parte, Valle-Inclán vivía en 1904 en la calle Argensola 9, 4º izquierda. Durante los años 1918 Y 1919, vivió en Francisco de Rojas, 5. Según Pío Baroja, Valle vivía en la calle de Calvo Asensio (*Luces de bohemia* 61, n. 13). Queda descartada así la posibilidad de que Valle situara a Max en su propio domicilio, pretendiendo mostrar cierta identificación con su protagonista por medio de este dato.

2º) La cueva de Zaratustra, en la calle Pretil de los Consejos.

Zamora Vicente identifica a Zaratustra con el librero Pueyo, pero la librería de éste "estaba en una de las callejas derruidas para la edificación de la Gran Vía, no en el Pretil de los Consejos" (13).

Por otro lado, las librerías de Gregorio Pueyo estuvieron en las siguientes señas:

- Gregorio Pueyo, librería, Carmen 33 (*Directorio* de 1905).
- Arenal 6 (1918).
- Abada 19 (1918).
- Chinchilla 9 (1918).

En cambio, en Pretil de los Consejos vivía otro editor, "Eduardo Cruz, editor. Pretil de los Consejos, 3, bajos" (1905), y unos editores centro de suscripciones: "Juana y Manuel Castro, editora, centro de suscripciones", en el nº 3 (1918 a 1923).

Además, en la misma calle, s/n, estaba la Capitanía General de la 1a Región, cuya cercanía podría explicar que pasaran por delante de la cueva (librería) unos policías llevando arrestado a un hombre, como sucede en la escena segunda: "Un retén de polizontes pasa con un hombre maniatado" (18). Se hace así más verosímil que el incidente literario hubiera ocurrido en realidad en el sitio que hemos identificado.

3º) Taberna de Pica Lagartos, en la calle Montera.

Había entonces en esta calle tres tabernas:

-Alonso, Manuel. Vinos. Montera 9 (1923).
-Gómez, Lorenzo. Café-bar. Montera 3 (1923).
-Café "La Estrella" (Tostaderos de), José Gómez Tejedor. Montera 32 (1904 y 1905).

Pese a diferir este último café de la idea de taberna un poco más que las dos anteriores y aceptando la amplia extensión temporal de la obra, si se añade el factor de su nombre, "La Estrella", como Max, y el hecho de que estuviera muy cerca de la única administración de lotería que había en la calle, en el nº 22 (Propiedad de José Rodríguez Mendoza [1905]), cobra éste mayores posibilidades.

Cabe añadir el descubrimiento de encontrar a Ernesto Bark como inquilino del nº 28 de la misma calle (1905).   Este aparece en el directorio como profesor de idiomas.   Ernesto Bark es la contrafigura de Basilio Soulinake, el sepulturero que va a recoger el cuerpo de Max Estrella para llevarlo al cementerio.   La descripción de Basilio es coherente con un profesor de idiomas, dado su carácter de extranjero: "Es un fripón periodista alemán, fichado en los registros policíacos como anarquista ruso y conocido por el falso nombre de Basilio Soulinake" (146).   En su conversación con Madame Collet, Basilio recuerda la experiencia médica que tuvo en escuelas y hospitales alemanes.   Su evidente poliglotismo concuerda con la profesión de su supuesta contrafigura, Ernesto Bark.

4º) Buñolería Modernista.

No se ha encontrado ninguna buñolería de este nombre en los directorios.   Sin embargo, según el contexto, en donde la Pisa-Bien pregunta a Max y a Latino "¿Ustedes bajaron hasta la Cibeles?" (45), se deduce que está calle está al norte de la plaza Cibeles.   Por eliminación de buñolerías, la única posible es la situada en la calle Augusto Figueroa, la cual permite un recorrido casi directo hasta la Cibeles.   Está emplazada en la calle Augusto Figueroa, 35, y era propiedad de Antonio Mercado (1918).

En cuanto a su nombre, "Buñolería Modernista", es fácil suponer que derivaba de su clientela: los poetas modernistas que aparecen en *Luces de bohemia*.

5º) Ministerio de la Gobernación.

En 1920 se hallaba todavía en la Puerta del Sol, en el nº 7, e incluía una prisión, como en el esperpento.   Entre 1939 y 1940 trasladaron el Ministerio a la calle de Fernando el Santo, estando de ministro Ramón Serrano Suñer.[1]

6º) Café Colón.

Pese a no haber encontrado referencias de este café en los directorios, lo situamos en la calle Colón. En la plaza del mismo nombre no es posible, pues entonces sólo había allí la Casa de la Moneda y unos bancos. [1]

7º) "Paseo con jardines"

Max parte de la calle Colón en dirección a la Cibeles: entre ambos estaba el Paseo de Recoletos, que hoy conserva el mismo nombre, tras haber sido Paseo de Calvo Sotelo por una temporada.

8º) "Calle del Madrid austriaco. Tapias de un convento. Casón de nobles. Taberna."

"Calle del Madrid austriaco": c. Felipe IV. En esta calle estaban el Hotel Ritz, el Museo Nacional de Pintura y Escultura, el Museo de Reproducciones Artísticas y la Academia de la Lengua. Esta calle cuadra perfectamente en el contexto de la acotación por su vecindad con un convento (que no había muchos) y una taberna.

"Tapias de un convento": indudablemente es el Convento de los Jerónimos, cercado entonces por cuatro calles: Academia, Casado, Ruiz Alarcón y Moreto. El convento está situado en la entrada a esta última calle.

"Casón de nobles": probablemente, el edificio de la Real Academia de la Lengua, c. Felipe IV nº 2. Además, cabe señalar que en la misma calle vivían ilustres miembros de la Academia y personajes de la nobleza.

"Taberna": "Gutiérrez, José. Comestibles y vinos."

9º) "Costanilla. Al fondo, una iglesia barroca."

En Madrid sólo había doce costanillas. Por eliminación según su situación en el plano, la costanilla de los Desamparados parece ser la

---

[1] Esta información me fue facilitada por Don Jaime del Valle-Inclán, hijo del autor, hoy difunto, a quien agradezco toda su colaboración en esta investigación.

más adecuada por estar cerca de la Iglesia de Jesús, situada en la Plaza
de Jesús, cuya fachada bien podría ser considerada barroca, pese a ser
del siglo XVIII. [2]

3. Espacio simbólico

Varios críticos han señalado que *Luces de bohemia* es una parodia
del *Infierno* de Dante. Leda Schiavo explica algunas semejanzas entre
el esperpento y la obra dantesca, pero se limita a comparar el
peregrinaje de Dante y Virgilio con el de Max Estrella y Latino de
Hispalis y a señalar la apariencia infernal de varias escenas del
esperpento valle-inclanesco. Lo que sigue mostrará los paralelismos
existentes entre los escenarios que recorre Max Estrella y la significación simbólica de los círculos que forman el *Infierno* de Dante y
cómo la obra valle-inclanesca es una parodia de la del escritor italiano.

Como se observó anteriormente, el peregrinaje de Max Estrella por
Madrid consta de nueve escenarios diferentes. Si se estudian los
acontecimientos que tienen lugar en ellos y el sentido moral de los
nueve círculos que comprende el *Infierno*, se perciben ciertos paralelismos entre los correspondientes espacios de ambas obras que
muestran cómo *Luces de bohemia* es una parodia del *Infierno* de un
modo más completo del que se ha creído hasta ahora. Esta sección
mostrará no sólo que *Luces de bohemia* es una parodia del *Infierno*
dantesco, sino que Valle-Inclán basa la estructura del esperpento en el
simbolismo moral de la obra de Dante. El autor tomó cada característica moral representada en cada círculo infernal (inocencia, lujuria,
gula, avaricia, ira, herejía, violencia, fraude y traición) y las transpuso
en este orden a los escenarios de *Luces de bohemia*. De este modo,
cada uno de sus espacios corresponde al círculo infernal correspondiente.

Este estudio comprenderá tres partes: 1) el análisis de las referencias
directas e indirectas a Dante en *Luces de bohemia*; 2) un examen de las
similitudes generales entre ambas obras; y 3) la comparación de los
nueve escenarios de la obra valle-inclanesca con los nueve círculos del
Infierno.

---

[2] Todos los datos utilizados en esta sección han sido extraídos de la *Guía-
Directorio de Madrid y su Provincia*, de los años 1904 a 1923.

3.1. Las alusiones a Dante.

La primera alusión directa aparece en la escena novena, cuando Max Estrella conversa con Rubén Darío en el Café Colón. Sintiendo su muerte inminente, Max ha ido a ver a Rubén Darío por última vez. Hablan sobre la vida, la muerte y la religión, y Max declara que va a cruzar la Estigia: "Rubén, te llevaré el mensaje que te plazca darme para la otra ribera de la Estigia" (104). Max se halla representando el descenso épico al infierno. Max Estrella, como Dante en la *Divina Comedia*, tiene un guía que le acompaña por el infierno: camina "guiado por el ilustre camello Don Latino de Hispalis" (104). Don Latino ejerce así la función de ser su perro lazarillo, si bien es deformado aquí grotescamente a la forma de un camello. Hacia el final de la escena undécima, después de haber visto las crueles consecuencias de las acciones de la policía contra los manifestantes, Max, horrorizado, ordena a Latino: "Sácame de este círculo infernal" (127). Aunque alguien podría argüir que esto podría ser una expresión coloquial (la palabra "infierno" aparece siete veces en *Luces de bohemia*), la palabra "círculo", asociada con "infierno" es una alusión obvia a la *Divina Comedia*. Para que no quepa ninguna duda, Max añade a continuación: "Nuestra vida es un círculo dantesco" (128). Valle-Inclán quería dejar bien claro que el peregrinaje de Max y Latino era una recreación del viaje dantesco. Véanse ahora otros elementos que relacionan ambas obras.

El clima de *Luces de bohemia* sugiere un ambiente infernal, como Schiavo, Alvarez y otros críticos señalan. Alvarez Sánchez lo explica con claridad:

> En primer lugar, el proceso de degradación esperpéntica en la bajada a los infiernos. Los círculos dantescos son aquí tabernas, despachos siniestros, calabozos, en un Madrid casi en tinieblas, apenas iluminado por la luna, los faroles de gas o alguna bombilla macilenta. De escena en escena, Max y don Latino descienden a niveles cada vez más mezquinos, más infernales. (22)

Efectivamente, los antros descritos en la obra son lóbregos y sugieren lugares infernales, así como los personajes que los habitan, los cuales, se debe agregar, parecen más bien sombras que seres vivos.

En *Luces de bohemia* se emplea la palabra infierno bajo otras acepciones para recordar al lector del infierno dantesco y distorsionar su sentido original. De este modo, hay alusiones generales al Infierno cristiano[3] y usos coloquiales del término. Estos últimos deben considerarse alusiones indirectas al *Infierno*.[4] En la sección siguiente, se van a considerar todas las características generales de *Luces de bohemia* que aluden de una u otra forma inevitablemente al *Infierno* de Dante. Una vez establecidos los paralelismos generales entre las dos obras, se pasará a estudiar las correspondencias de sus espacios uno por uno para demostrar cómo la estructura del esperpento está basada en la del poema dantesco y cómo es una parodia de éste.

3.2. Base de la parodia. Analogías generales entre la *Divina Comedia* y *Luces de bohemia*.

Antes de poder mostrar cómo la obra de Valle-Inclán es una parodia del *Infierno*, se debe aclarar el significado del término parodia. Margaret A. Rose afirma que hay

> two main theories about the nature of the attitude of the parodist to the text quoted. The first maintains that the imitation by the parodist of his chosen text has the purpose of mocking it, and that his motivation in parodying it is contempt. The second holds that the parodist imitates a text in order to write in the style of that text, and is motivated by sympathy with the text. The first view sees parody as an unambivalent form of comic imitation, while the second acknowledges that the parodist has both a critical and an admiring attitude toward his 'target' or 'model'. (28)

La perspectiva que adopta Valle-Inclán en *Luces de bohemia* es la del segundo parodiador, quien contempla a su objeto o modelo parodiado tanto con una actitud crítica como de admiración. *Luces de bohemia* homenajea así el *Infierno* de Dante. El objeto del parodiador no es, sin embargo, escribir copiando el estilo de la otra obra, ya que, como Rose

---

[3] Las citas son: "... las llamas del infierno" (108); "El fuego del Infierno" (125). Nótense las mayúsculas.

[4] Las alusiones son las siguientes: "es un infierno de letra" (7); "Le devuelves el décimo y le dices que se vaya al infierno" (25); "Dame el décimo y vete al infierno" (44); "escribe el español con una ortografía del Infierno" (95).

afirma más adelante, "parody is not necessarily restricted to the imitation of 'form'" (30). La intención de Valle-Inclán era sólo aplicar la estructura moral del *Infierno* de Dante a *Luces de bohemia*. Esto se ciñe a una de las funciones principales que Tinianov otorga a la parodia: "the organization of new material, to which the old, mechanised device also belongs" [5] (citado en Rose 164). Es decir, según esto, el hecho de que Valle-Inclán organizara los materiales de su obra siguiendo el modelo estructurador de Dante la hacen una parodia del *Infierno*.

La base de la parodia es el peregrinaje de Max y Latino por Madrid. Max es la imagen paródica de Dante, y Latino, la de Virgilio. Esto implica reducir a Dante a un poeta de segunda categoría que vivió en el olvido en esa época: Alejandro Sawa, la contrafigura de Max Estrella sobre el cual se basa este personaje. Virgilio sufre una degradación aún mayor: Latino, cuya contrafigura es aún desconocida, es un avaro que engaña a todo el mundo por dinero, sin importarle las consecuencias de su conducta. El personaje termina por abandonar a Max Estrella en la calle, dejándole morir de frío. Estas contrafiguras resultan ser así completamente opuestos a sus modelos parodiados. Este proceso de transformación forma parte del proceso valle-inclaniano de esperpentización, en el cual, como afirma Iris Zavala,

> Conducta, gestos y lenguaje se liberan del marco jerárquico (edad, cargos, títulos, fortunas, sexos) y se convierten en escéntricos, en desplazamientos de la vida habitual. Cuanto la jerarquización o códigos oficiales separa, dispersa o desconecta, entra en contacto: lo sagrado y lo profano, lo sublime y lo insignificante, lo alto y lo bajo, lo aristocrático y lo plebeyo. La profanación y la transgresión son la norma-sacrilegio de lo genésico, del cuerpo. Se parodian, además, los textos y las palabras sagradas; se destrona el mundo de la tradición. (154)

Pese a su naturaleza opuesta, ambas parejas de personajes comparten varios rasgos que los acercan. Estos rasgos forman la base de la parodia y la clave para comprenderla. En la *Divina Comedia*, Virgilio guía a Dante a través del infierno, emulando el descenso al infierno de Eneas en *La Eneida*. Valle-Inclán, siguiendo el procedimiento de

---

[5] Jurij Tynjanov. *Dostoyevskij und Gogol: 'Zur Theorie der Parodie'*, in *Russischer Formalismus*, texts edited by Jurij Striedter (Munich, 1971): 300-71.

Dante, describe en *Luces de bohemia* el viaje infernal de una pareja: Max Estrella y Latino de Hispalis. En el esperpento, Latino guía al ciego Max Estrella por las calles de Madrid. Paradójicamente, el lector observa el mundo madrileño desde la perspectiva de Max. La razón de esta paradoja se encuentra en el simbolismo de la ceguera, que podría ser ejemplificada por la tradición del profeta ciego, inaugurada por el mito de Tiresias. Según esta tradición, "blind old men often symbolize wisdom, the inner light, the visionary view" (*Herder's Dictionary*). Al ser ciego, Max ofrece, de este modo, una visión objetiva, inteligente y visionaria de la realidad.

Los dos peregrinajes tienen una estructura circular. Tanto Dante como Max Estrella vuelven a casa después del viaje, después de haberse examinado a sí mismos en todos sus aspectos: social, profesional y psicológico. Max Estrella, por ejemplo, durante su peregrinaje por Madrid, analiza su situación dentro del contexto económico y político del país, llegando a conclusiones trágicas, tanto acerca de sí mismo como de España, que le llevarán a formular la teoría del esperpento: "MAX.- La tragedia nuestra no es tragedia. DON LATINO.- ¡Pues algo será! MAX.- El Esperpento" (131). Profesionalmente, Max Estrella ha fracasado, pues ha perdido a su editor. Las consecuencias personales de eso afectarán a su familia y a él mismo: todos ellos terminan muriendo, su esposa e hija de presunto suicidio. En cuanto al Dante peregrino de su obra, como se verá, también se hallaba, en la época que vivió, en una situación de crisis, tanto interna como social.

La diferencia esencial entre los dos peregrinajes cíclicos de Max Estrella y Dante es que el primero sólo llega hasta el umbral de su casa, donde muere. La circularidad queda así frustrada, convirtiéndose en una parodia de la circularidad real y perfecta de la peregrinación de Dante. Debe señalarse que Dante regresa a casa al final de la *Divina Comedia*, y no del *Infierno*.

Los nombres también son importantes para entender la intención de los escritores. Valle-Inclán juega con el nombre Latino. Virgilio, la contrafigura romana de Latino, escribió en latín y asentó la fundación de la cultura latina. Además, así como Virgilio fue apodado de mago en la Edad Media, Latino se presenta en *Luces de bohemia* como cabalista y teósofo. Dante y Valle-Inclán hacen así únicos a sus personajes y, en cierto sentido, los convierten en figuras universales, ya que representan el papel de poetas, adoptando características y valores universales.

Finalmente, tanto Dante como Valle-Inclán utilizan a un artista (Dante y Max Estrella respectivamente) en su obra como uno de sus personajes y lo describen con detalles biográficos. Ambos escritores muestran especial interés por el artista. En base a esto, se pueden trazar varias analogías generales entre Dante y Valle-Inclán como escritores.

Dante, como afirma Reynolds, "made Florence, the center and projection of a universal drama" (11); Valle-Inclán convirtió a Madrid en el centro y proyección de la crisis política y económica española al emplazar *Luces de bohemia* en la capital española. Los personajes del esperpento, en especial Max y Latino, comentan la situación crítica en que se halla España en ese entonces, reflejada por los acontecimientos que se dan en la obra: los tiroteos de la policía contra los manifestantes con sus consiguientes víctimas, la aplicación de la ley de fugas, el desempleo de los artistas, el ataque mordaz de los gobernantes, etc. Los sucesos de Madrid se convierten en el espejo de la vida nacional contemporánea.

Por otro lado, tanto Dante como Valle-Inclán quisieron mostrar en sus obras su admiración por la literatura clásica y, simultáneamente, su ruptura con ella, introduciendo una innovación en la literatura y reflejando, como Theoharis afirma acerca de Dante y Joyce, un "personal genius in analysis of the universal meanings of a particular life..." (97). Del mismo modo, Dante y Valle-Inclán presentaron personajes que adquirieron características universales.

Tal como Theoharis también afirma acerca de Dante y Joyce, el primero y Valle-Inclán "wrote in cultures that had recently undergone literary resurgence and political crisis..." (97). La Generación del 98 significó un resurgimiento literario que denunció la terrible condición política de España, del mismo modo que Dante y Petrarca renovaron la lengua y la literatura italianas mientras criticaban el estado de su país.

Una de las características más importantes del esperpento es la deshumanización de los seres humanos, los cuales son rebajados a animales y sombras. Esto último evoca las sombras que formaban el infierno de la tradición clásica. Los personajes de *Luces de bohemia* también tienden a ser sombras. En este esperpento abundan las alusiones a esta condición de los personajes:

-Máximo Estrella y Don Latino de Hispalis, sombras en las sombras de un rincón. (24)

-Las sombras y la música flotan en el vaho de humo... (102)

-Diferentes sombras. (124)

En el *Infierno* dantesco también se encuentra animalización de
personajes. Ya en el canto V, Minos es animalizado. Allí se dice que
"ringhia" (verso 4), 'gruñía', "mugghia" (v. 29), 'mugía'. Se compara
a los pecadores con "stornei" (v. 40), 'estorninos', y "gru" (v. 46),
'grullas'. La animalización es un recurso fundamental para la creación
del ambiente grotesco, característico del *Infierno* y del esperpento y
prevalente en ambas obras. Véanse algunos ejemplos en *Luces de
bohemia*:

> Un golfo largo y astroso, que vende periódicos, ríe asomado a la puerta,
> y *como perro que se espulga*, se sacude con jaleo de hombros... (30)

> DORIO DE GADEX, feo, burlesco y chepudo, abre los brazos, que son
> como *alones* sin pluma, en el claro lunero. (51)

> DON LATINO.- Estoy a tu lado.
> MAX.- Como te has convertido en buey, no podía reconocerte. Echame
> el aliento, ilustre buey del pesebre belenita. ¡Muge, Latino! Tú eres el
> cabestro, y si muges vendrá el Buey Apis. Le torearemos (132) [énfasis
> añadido].

En esta última cita se aprecia la exagerada animalización que sufre
Latino, quien ya anteriormente había sido calificado de camello.
Recuérdese también la grotesca animalización de Zaratustra.

Finalmente, el argumento de la *Divina Comedia*, como afirma
Theoharis, "shows Dante recuperating from the most dangerous crisis
of his life..." (124); mientras que *Luces de bohemia* muestra a Max
Estrella en su decadencia y muriendo tras la peor crisis de su vida. El
mismo Valle-Inclán tuvo que pasar por el quirófano en 1919, 1920 y
1923 para que lo operaran de la vesícula biliar, como informa Lima
(1966). El escritor se hallaba entonces al borde de la muerte. Lima
(1988) describe así su condición:

> Youthful illusion has become the stoic acceptance of the approaching
> end -death. From that moment on there is only mere existence in
> expectation of the final moment... this marked disillusionment can be
> seen to stem from such vital factors as the increasing ill health he was
> experiencing, his unstable economic condition, and the lack of "official
> recognition" of his artistic merits. (132)

Dante, Max Estrella y el mismo Valle-Inclán atravesaron crisis muy difíciles en su vida, como se aprecia en las obras del florentino y del gallego.

3.3. *Luces de bohemia*: El peregrinaje de Max Estrella como una parodia del *Infierno* de Dante.

Aunque *Luces de bohemia* comprende quince escenas, las últimas tres funcionan como epílogo, ya que el protagonista Max Estrella muere en la escena duodécima. El peregrinaje de Max Estrella por Madrid transcurre por nueve espacios distintos, y son éstos los que estructuran el esperpento. Vamos a mostrar cómo cada espacio de *Luces de bohemia* corresponde al círculo dantesco correspondiente. El siguiente esquema dará una idea básica de su funcionamiento:

Círculos	Escena	Infierno	Luces de bohemia
1	1	Los virtuosos	Personajes no deformados
2	2	Lujuria	Lujuria física y cultural en Zaratustra y Don Latino
3	3	Gula	Taberna
4	4	Avaros y pródigos	Billete de lotería
5	5,6,8	(Estigia) Destemplanza e ira	Max en prisión: ira y sátira contra las instituciones
6	9	Herejes.	Rubén, Max y Latino ridiculizan la religión y parodian el ritual de la misa
7	10	Violencia	Encuentro con las prostitutas
8	11	Fraude	El fraude del gobierno provoca la huelga del pueblo, y la policía dispara a los manifestantes.

| 9 | 12 | Traidores y luci-ferinos | Latino deja morir de frío a Max |

A primera vista, se observan dos irregularidades: la primera, que el quinto círculo comprenda tres escenas; la segunda, que la séptima escena no forme parte del esquema. La primera se explica por el hecho de que el quinto círculo es el círculo central, el eje de la simetría estructural, y corresponde al encarcelamiento de Max Estrella. En el *Infierno*, es el círculo en que se cruza la laguna Estigia, por lo que parece explicable que en *Luces de bohemia* también se produzca un cruce de escenas. Como se observará, el quinto círculo abarca tres espacios en uno. El hecho de que la escena séptima no aparezca en el esquema se debe a que Max Estrella no aparece entonces en escena, y él es el hilo conductor de la estructura. De este modo, la escena representa un intermedio en el argumento principal.

En las secciones que siguen se analizará individualmente los paralelismos entre los espacios que recorre Max Estrella y los círculos que corresponden al *Infierno* dantesco. De este modo veremos cómo el peregrinaje de Max está elaborado en base al de Dante en su obra. Es importante señalar de antemano, sin embargo, que las analogías existentes entre las dos obras son, a veces, escasas y limitadas. De ello se deduce que Valle-Inclán se redujo a tomar el "esqueleto" del simbolismo de cada círculo infernal para reelaborarlo paródicamente, por cuyo motivo, un análisis minucioso de su parodia no llevaría a ningún lado. Esta parodia tiene, de este modo, carácter de pastiche, como lo tiene gran parte de su obra. De allí que el análisis siguiente adolezca, especialmente en los círculos que reelaboró menos, de esquematismo.

3.3.1. Círculo primero.

Al primer círculo del *Infierno* se le conoce como el limbo y está habitado por paganos inocentes cuyo único pecado es haber nacido antes de la llegada de Cristo. La aparición de Mme. Collet -la esposa de Max- y de su hija Claudinita en esta escena, los únicos personajes que no son deformados en la obra, ilustra la correspondencia entre los dos espacios: la aparición de víctimas inocentes. Valle-Inclán nos da una pista acerca del inicio de su descenso alegórico al infierno por medio de una de las acotaciones de la escena, en que describe a Max como si perteneciera a la época grecorromana: "Su cabeza rizada recuerda y ciega, de un gran carácter clásico-arcaico, recuerda los Hermes" (8).

El castigo impuesto a los paganos que habitan el Limbo es el de vivir sin esperanza de salvación, pecaran o no. En el Canto IV del *Infierno*, los que están en el Limbo

... non peccaro; e s'elli hanno mercedi,
non basta, perché non ebber batesmo,
ch'è porta de la fede che tu credi;
      e s'e' furon dinanzi al cristianesmo,
non adorar debitamente a Dio:
e di questi cotai son io medesmo.
      Per tai difetti, non per altro rio,
semo perduti, e sol di tanto offesi
che sanza speme vivemo in disio. (vv. 34-42)

      [No han pecado; y, si tienen merced,
no les basta por no tener bautismo,
que es gran parte de la fe que crees;
      y si vivieron antes del cristianismo,
no adoraron debidamente a Dios:
yo mismo soy de éstos.
      Sólo por ésta, y no por otra razón,
estamos todos condenados, y, tan ofendidos,
que vivimos con grave deseo sin esperanza alguna.]
(traducción propia)

Otra semejanza entre el Canto IV y la primera escena de *Luces de bohemia* es la presencia de un sueño. El Canto IV empieza mostrando a Dante despertando de un sueño:

Ruppemi l'alto sonno ne la testa
un greve truono, si ch'io mi riscossi
come persona ch'è per forza desta...
(vv. 1-3)

[Me sacó de un profundo sueño en la cabeza
un gran trueno, para despertarme,
como una persona que es desvelada a la fuerza...]
(traducción propia)

En la primera escena de *Luces de bohemia*, Max sufre una alucinación parecida a un sueño; antes de morir sufrirá otra, como se aprecia en la

escena duodécima. La primera escena muestra a Max Estrella reco-
brando milagrosamente su vista y viendo la Moncloa:

> ¡Espera, Collet! ¡He recobrado la vista! ¡Veo! ¡Oh, cómo veo!
> !Magníficamente! ¡Está hermosa la Moncloa! ¡El único rincón francés
> en este páramo madrileño! ¡Hay que volver a París, Collet! ¡Hay que
> volver allá, Collet! ¡Hay que renovar aquellos tiempos! (8)

Cuando Madama Collet pregunta a Max qué ve, éste responde: "¡El
mundo!" (9). Similarmente, cuando Dante despierta de su sueño y mira
hacia abajo, Virgilio le dice: "Or discendiam qua giù nel cieco mondo"
(v. 13) [Bajemos ahora hacia el ciego mundo] (Traducción propia). La
semejanza es obviamente paródica, pues funciona por semejanza de
opuestos: mientras Dante despierta de un sueño para ser conducido por
Virgilio al mundo ciego del infierno, Max sueña que recobra la vista.

También es significativa la aparición de otro sueño en el canto
XXXIII del *Infierno*:

> Breve perturgio dentro da la Muda,
> la qual per me ha'l titol de la fame,
> e'n che conviene ancor ch'altrui si chiuda,
> m'avea mostrato per lo suo forame
> più lune già, quand'io feci'l mal *sonno*
> che del futuro mi squarciò'l velame. (vv. 22-27) [énfasis añadido]

> [Un pequeño agujero dentro de la prisión,
> la cual recibe gracias a mí el título del hambre,
> en la que conviene todavía que se incluya a otros,
> me demostró por su pequeño agujero
> más meses, cuando yo tenía el mal sueño
> que me descubrió el velo del futuro]
> (traducción propia).

Dante tiene aquí un mal sueño que le rasga el velo del futuro.
Paralelamente, Max sueña con su propio entierro, lo que implica
obviamente el fin de su futuro, por lo que el aspecto paródico vuelve a
aparecer. Ambas obras empiezan y terminan así con un sueño de
características comparables.

3.3.2. Círculo segundo

En el *Infierno*, este círculo está habitado por los lujuriosos, y encuentra su eco en Zaratustra, un personaje que aparece en la segunda escena de *Luces de bohemia* cuyo aspecto físico refleja cierta lujuria: "abichado y giboso -la cara de tocino rancio y la bufanda de verde serpiente-" (14). Zaratustra queda así paródicamente rebajado a la figura de un cerdo.

En el correspondiente canto V, Minos representa el papel de un portero diabólico, siendo grotescamente descrito como un perro, y, en vez de hablar, gruñe ("ringhia" [v. 4]). Aunque el perro y el cerdo son animales bien distintos, su simbolismo es el mismo. Según Carl Jung,

... the pig is closely associated to dirty sexuality. (Circe, for example, changed the men who desired her into swine.) The dog may stand for loyalty, but also for promiscuity, because it shows no discrimination in its choice of partners. (343)

Se ve así que ambos animales simbolizan lujuria sexual. De este modo, Minos, que era el portero del Infierno, ha quedado rebajado a la figura de un perro, que, curiosamente, como él, guarda el reino de los muertos y simboliza al mediador entre el mundo de los vivos y el de los muertos. De modo parecido, Zaratustra es degradado a la forma de un cerdo, cuyo simbolismo ha servido para redondear la parodia de Minos.

3.3.3. Círculo tercero.

Este círculo también refleja la ironía con que Valle-Inclán elaboró su parodia, pues el paralelismo entre el *Infierno* y *Luces de bohemia* vuelve a ser por oposición. Mientras el tercer círculo dantesco está dedicado a la gula, los personajes de *Luces de bohemia* están hambrientos, pues no tienen dinero ni para una bebida. El canto VI incluido en el tercer círculo condena tres vicios: la soberbia, la envidia y la avaricia. Los dos últimos vicios se encuentran también en *Luces de bohemia*, donde los parroquianos de la taberna se pelean por el décimo de lotería de Max. La envidia y la avaricia por ellos mostrada resulta una grotesca parodia de los vicios presentes en el canto VI.

3.3.4. Círculo cuarto.

Este es el círculo de los avaros y los pródigos. En la escena correspondiente en *Luces de bohemia*, Valle ataca y satiriza la avaricia del conde de Romanones, quien es una "persona de enorme fortuna personal y muy atacado por su tacañería en las revistas y periódicos satíricos o de matiz enemigo en ideas políticas" (44-45), como anota Zamora Vicente a la escena en que Max acusa a la Pisa-Bien de actuar como la "hermana de Romanones" (44). Ella es la avara de la escena, pues quiere aprovecharse de sus clientes; Max es el generoso, pues, con el dinero que va a conseguir de empeñar su capa, invita a varios parroquianos allí presentes. Max se muestra tan derrochador que, con el dinero conseguido por la capa, compra un décimo de lotería a la Pisa-Bien que recibirá mucha atención, tanto en esta escena como al final del esperpento, cuando salga premiado. El círculo del *Infierno* está lleno de gente obsesionada por el dinero, como "La Buñolería Modernista", donde tiene lugar la escena en *Luces de bohemia*. Otra ridiculización existente es que, mientras ricos avaros invaden el círculo dantesco, los poetas modernistas son más bien mendigos. La Pisa-Bien, en son de burla, dice de ellos que "son banqueros" (56). Zamora Vicente, en nota a pie de página, explica así esta expresión:

> Otro rasgo típico del habla popular madrileña: la expresión diametralmente opuesta a la verdadera, para enfatizar la situación. Este "banqueros" equivale en realidad a 'mendigos'; "capitalista" 'que vive del sablazo'; "palacio" 'buhardilla fría, incómoda', etc. (56)

El habla madrileña participa también de la parodia irónica que Valle hace del *Infierno*.

3.3.5. Círculo quinto.

Este es uno de los círculos en que los paralelismos son más evidentes. La Estigia del *Infierno*, en donde los personajes muestran incontinencia e ira, corresponde a la prisión a que se ve destinado Max Estrella en *Luces de bohemia*. La ciénaga de la laguna Estigia se ha convertido en la cárcel. Esta, como aquélla, es sumamente oscura y está llena de sombras: "Sótano mal alumbrado por una candileja. En la sombra se mueve el bulto de un hombre... Sale de la tiniebla el bulto de un hombre morador del calabozo" (65). La ira está muy patente en el espacio que corresponde a *Luces de bohemia*, especialmente en la escena sexta, en que Max, encolerizado al oír cómo van a matar a su compañero de celda (empleando la ley de fugas), exclama: "¿Dónde está la bomba que destripe el terrón maldito de España?" (70). Max ataca despiadadamente al pueblo en su totalidad: "Los ricos y los pobres, la barbarie ibérica es unánime" (69). La imposibilidad de Max de hacer nada le lleva a llorar: "EL PRESO.- ¿Está usted llorando? MAX.- De impotencia y de rabia. Abracémonos, hermano" (71). En la aplicación de la ley de fugas se aprecia la incontinencia de los soldados, que son incapaces de rebelarse ante sus superiores.

3.3.6. Círculo sexto.

La acción de este círculo tiene lugar en la ciudad de Dite, el hogar de los herejes (los que rechazaron la doctrina de la Iglesia), que se halla rodeada de una densa niebla. Esta analogía también es muy clara, ya que corresponde a la discusión herética del Café Colón, en donde Rubén, Max y Latino ridiculizan las creencias religiosas. Max, en esta escena, parodia la Santa Cena: "Rubén, acuérdate de esta cena. Y ahora, mezclemos el vino con las rosas de tus versos. Te escuchamos" (109). Anteriormente, Don Latino y Rubén se habían declarado adeptos de "la Gnosis y la Magia" (106). La Iglesia católica condena claramente como herejía tanto el gnosticismo como la magia. Finalmente, Max confiesa que no cree en Dios: "Para mí, no hay nada tras la última mueca" (109). La discusión es así claramente herética.

La densa niebla del círculo dantesco encuentra perfecto eco en el café: "Un café que prolongan empañados espejos... Las sombras y la música flotan en el vaho de humo, y en el lívido temblor de los arcos voltaicos... el vaho de humo penetrado del temblor de los arcos voltaicos cifran su diversidad en una sola expresión" (102). El humo de tabaco del café parece una buena caricatura de la niebla presente en el círculo dantesco, en donde se observa "l'orribile soperchio/ del puzzo che'l profondo abisso gitta" (XI, vv. 4-5) [la horrible peste del pozo que destila el profundo abismo] (traducción propia). Los vapores del hedor del abismo han sido así grotescamente transformados en vahos de humo de tabaco iluminados por lámparas de luz mortecina.

3.3.7. Círculo séptimo.

El séptimo círculo muestra el reino de la violencia y está subdividido en tres categorías: violencia contra los vecinos (robo, crimen); violencia contra uno mismo (suicidio); violencia contra Dios (blasfemia, falta de respeto) o contra la naturaleza (sodomía) y el arte (los que practican el arte de prestar dinero con intereses desorbitantes). En *Luces de bohemia* se halla violencia contra Dios, ya que la escena describe el encuentro de Max y Latino con dos prostitutas en la calle, y cómo éstas intentan convencer a la pareja para que compren sus servicios personales. La profanación de la ley divina, que proclama la fidelidad al esposo, es aquí llevada a cabo por Max Estrella, quien desobedece así el mandamiento de Dios. La correspondencia entre las dos obras no está aquí muy elaborada.

3.3.8. Círculo octavo.

El círculo octavo, conocido como "Malasbolsas", o el foso del mal, es donde habitan los que han cometido fraude a los forasteros. El fraude implica un abuso de la razón humana, y esto es lo que sucede en la escena correspondiente en *Luces de bohemia*: el gobierno ordena a la policía que dispare a los huelguistas, así como que apliquen la ley de fugas al reo Mateo. La consecuencia de la primera orden es la muerte accidental de un bebé en brazos de su madre; la consecuencia de la segunda es el asesinato de Mateo por la espalda.

Esta escena es un preludio de la muerte de Max y refleja el terrible y cruel estado que estaba entonces España atravesando. La situación es tan deprimente y repugnante que Max Estrella ruega a su guía: "Latino, sácame de este círculo infernal" (127). Y, más adelante, expresa su ira e impotencia, exclamando:

> Latino, ya no puedo gritar... ¡Me muero de rabia!... Estoy mascando ortigas. Ese muerto sabía su fin... No le asustaba, pero temía el tormento... La Leyenda Negra, en estos días menguados, es la historia de España. Nuestra vida es un círculo dantesco." (128)

Max invita finalmente a Latino a ir al puente para suicidarse (esto hubiera sido más apropiado en el círculo previo, donde habría correspondido con la bolsa de los suicidas). La escena termina con Latino recriminando la actitud negativa de Max. En el Canto XXVII del *Infierno*, hay igualmente un puente que permite a Dante y Virgilio cruzar el "fosso in che si paga il fio / a quei che scommetendo acquistan carco" (vv. 135-136) [el fuego en que se paga la culpa/ a aquellos que, separando, cargan con la culpa.] (traducción propia). El puente que necesitaban Dante y Virgilio para cruzar un abismo peligroso y evitar a los que sembraban discordia se ha convertido en un instrumento de suicidio para evitar todo tipo de relación social. La parodia por oposición vuelve así a reaparecer.

3.3.9. Círculo noveno.

Este es el reino de los traidores que yacen helados en el hielo. Cuando Dante llega aquí, es casi de noche. Al final del círculo, Lucifer, una perversión de la Trinidad, se halla mordiendo con sus tres bocas a los peores pecadores de la historia: Casio y Bruto, los que traicionaron al emperador Julio César, y Judas Iscariote, quien traicionó a Jesucristo. Tras ver a Lucifer, los viajeros escalan la montaña que lleva a la tierra y aparecen en la orilla de la montaña del Purgatorio.

Valle-Inclán ha parodiado muy bien el último círculo infernal. Max Estrella, quien, como muchos críticos han afirmado, bien puede ser una alegoría de Jesucristo, muere congelado de frío en la calle, significativamente abandonado por el traidor Latino después de que éste le robe la cartera. Latino parece aquí parodiar a Judas Iscariote. La diferencia con el *Infierno* es que, en vez de hacerse de noche, en *Luces de bohemia* está amaneciendo. Al final de esta escena, Max llega a la puerta de su casa, donde luego un vecino lo encuentra muerto. Como habíamos mencionado antes, Dante, como afirma Theoharis, también "returns to his lady after educating his will" (129). Max, después de su infernal peregrinaje, termina volviendo a su casa, donde se hallan su mujer y su hija. Por otra parte, su peregrinaje le ha permitido reconocer la deprimente situación española, con su consiguiente deseo de suicidarse. Su voluntad, en vez de ser educada, ha sido rebajada por completo. Estos últimos paralelismos entre el círculo dantesco y la escena valle-inclanesca redondean la parodia del escritor español, el cual, no sólo ha parodiado aquí el círculo correspondiente del *Infierno*, sino también la traición de Jesucristo por Judas Iscariote.

Como se ha visto, el peregrinaje de Max termina en la escena duodécima, donde muere frente a su casa. Tres escenas más completan el esperpento y añaden un epílogo al viaje de Max. La escena décimotercera perfecciona la circularidad del viaje infernal, trasladando a Max, muerto, dentro de su casa, donde tiene lugar la acción de esa escena. La escena décimocuarta incluye la famosa parodia de *Hamlet* realizada por el Marqués de Bradomín y Rubén Darío. Estos, al ver a dos sepultureros en el cementerio, se preguntan:

> EL MARQUES.- ¿Serán filósofos, como los de Ofelia?
> RUBEN.- ¿Ha conocido usted alguna Ofelia, Marqués?
> EL MARQUES.- En la edad del pavo todas las niñas son Ofelias...
> RUBEN.- Todos tenemos algo de Hamletos.
> EL MARQUES.- Usted, que aún galantea. Yo, con mi carga de años, estoy más próximo a ser la calavera de Yorik. (158)

Véase la cómica parodia aquí realizada, en que Rubén incluso ha elaborado un retruécano combinando Hamlet con "paletos", degradando la figura shakespeareana. La famosa calavera de Yorik también es degradada por el Marqués.

Finalmente, la escena décimoquinta vuelve a la taberna de Pica-Lagartos, donde el lector se entera entonces del robo del décimo por parte de Latino y del último, acontecimiento trágico: la "muerte misteriosa de dos señoras en la calle de Bastardillos" (175), que, supuestamente, alude al suicidio de la esposa y la hija de Max Estrella. El supuesto suicidio remonta al lector a la primera escena, en que Max sugirió a su familia el suicidio colectivo. La obra se hace así circular en otro sentido: empieza con una intención de suicidio y termina con su puesta en acción. La obra es así circular tanto en los nueve círculos que componen el peregrinaje de Max Estrella como en su totalidad. Señalemos también que el suicidio de Madame Collet y de Claudinita implica su condenación, pues la iglesia católica no perdona a los suicidas, sino que, los que cometen este pecado, son destinados al Infierno. Si en un principio Collet y Claudinita eran consideradas inocentes, ahora terminan siendo condenadas como los demás. Nadie, absolutamente nadie, se ha salvado de la parodia del autor.

3.4. Comentario final sobre la estructura.

Es importante recordar que la forma definitiva de *Luces de bohemia* (1924) era bastante diferente de la inicial de 1920. La última versión añadió tres escenas (la segunda, la sexta y la undécima) y muchas variantes al texto. Esto implica dos posibilidades: la primera, que

Valle-Inclán decidiera en 1924 estructurar el esperpento parodiando el *Infierno* dantesco; o, la segunda, que ya pretendiera parodiar el texto dantesco en la primera versión, pero que decidió perfeccionar la parodia en 1924, otorgando al esperpento la estructura simbólica del *Infierno* para darle proporciones épicas.

De todos modos, se ha mostrado así cómo Valle-Inclán tomó los elementos simbólicos básicos de cada círculo del *Infierno* para parodiarlos en *Luces de bohemia*, si bien de modo esquemático. La parodia realizada por Valle-Inclán refleja su perspectiva esperpéntica, pues los aspectos dantescos aludidos son vistos desde arriba, es decir, son empequeñecidos y, en la mayoría de las ocasiones, ridiculizados. Sin embargo, por otro lado, como se ha visto, el autor se ve obligado a escoger sólo una mínima parte del simbolismo dantesco para su reelaboración, por lo que, en esos casos, se hace difícil reconocer las correspondencias existentes. La parodia adquiere así ciertas características del "pastiche", en el que los paralelismos son más bien superficiales y no resisten un análisis profundo.

Finalmente, se debe reconocer que *Luces de bohemia* también aporta una parodia en el otro sentido presentado por Rose: el de la composición de un homenaje literario admirativo de la fuente original parodiada. Valle-Inclán ha logrado combinar la visión desde arriba del esperpento, deformadora, con una lectura más profunda que denota su oculta, sincera admiración por la *Divina Comedia* de Dante. La deformación grotesca de los pecados representados en los círculos infernales, así como la arbitrariedad de la selección realizada por el autor, junto con esta consciente, aunque sutil, elaboración de *Luces de bohemia* en base al *Infierno* dantesco, otorgan a la parodia valle-inclanesca un carácter único y sumamente personal.

Capítulo 3

Los marcos simbólicos en los esperpentos

Como se ha observado anteriormente, el mundo ficticio de Valle-Inclán forma una perfecta unidad independiente y única, en el que las partes -los esperpentos en este caso- son interdependientes. En base a esto, se ha analizado el espacio de las obras desde una perspectiva global, intentando ofrecer una aproximación total al empleo del espacio en los esperpentos de Valle-Inclán. El punto de partida de este capítulo es pues la unidad y consistencia existente en los esperpentos de Valle-Inclán.

Tomando la totalidad de los espacios presentes en los esperpentos, y estudiando las características que los unen y distinguen, han sido clasificados según los siguientes marcos: el marco de la casa; los marcos naturales (el jardín, el lago, etc.); los marcos de pasaje (la calle, el camino, etc.); los marcos religiosos (la iglesia, el convento, etc.); los marcos de entretenimiento (la taberna, el circo, etc.); y los marcos del poder y el lujo (la Corte y el palacio). Esta clasificación es el resultado de un intento de organizar los marcos en grupos, y tiene el propósito de evitar lo que podría haber sido una larga retahíla de estudios de marcos diferentes sin ningún orden preconcebido. La clasificación es el fruto de una búsqueda de elementos comunes a los distintos marcos existentes en los esperpentos de Valle-Inclán.

1. El marco de la casa.

No debe sorprender que la casa constituya un marco por sí misma. La casa es algo más que el edificio donde vive una familia: es un ente que adquiere vida y significación sagrada para sus habitantes. Mircea Eliade (1959) afirma que está consagrada, "in whole or part, by a cosmological symbolism or ritual" y que es "the universe that man constructs for himself by imitating the paradigmatic creation of the gods, the cosmogony" (56-57). Debido a que la casa constituye una "*imago mundi*, it is symbolically situated at the Center of the World" (57).

Valle-Inclán también debió considerar la casa como un lugar sagrado. La continua descripción del umbral en sus obras (especialmente en sus obras primeras), en donde los habitantes de la casa suelen estar, sugiere una frontera entre la casa y el mundo exterior. En Galicia era -y es todavía en algunas aldeas- costumbre adornar la entrada de las casas de campo con flores y plantas que tenían poderes sobrenaturales para proteger la casa de elementos malignos (enfermedades, maleantes, etc.). El umbral adquiere así un simbolismo especial que será estudiado más adelante.

El folklore gallego, con el que se identificaba tan plenamente Valle-Inclán, consideraba a la casa como un mundo independiente y autónomo. En Galicia, como en otros lugares, la casa es algo más que el edificio en que vive una familia. Según Carmelo Lisón,

> La casa -primera unidad- es el referente que incluye el edificio más las propiedades agrarias que le pertenecen por un lado, y la *famille souche* por otro. Esta viene formada por los padres, el heredero 'casado en casa', más sus hijos. Los hermanos y hermanas del heredero tienen que abandonarla al contraer matrimonio: la perpetuación de la casa tronza la familia nuclear. El quebramiento de ésta consolida la permanencia de aquélla. Cada casa arroja de sus límites, en ciclo imperturbablemente repetido, a todos los hijos menos a uno. (9)

La casa cobra así su perspectiva apropiada: la de perpetuadora de la familia y de sus bienes. Además, en Galicia y otras zonas del Norte de España, "las ideas cristianas forman parte de un sincretismo en el que entran como ingredientes otras creencias, supersticiones, magia, mito, ritual y símbolo" (Lisón 22). La región gallega es conocida por sus creencias supersticiosas en la brujería, la posesión y otros elementos sobrenaturales, y las obras de marco gallego (*El retablo de la avaricia, la lujuria y la muerte* y *Divinas palabras* fundamentalmente) reflejan este mundo. La primera obra mencionada presenta a varias brujas: la mozuela (sin nombre), Juana de Juno, Rosa Galans, Diana de Sálvora. También se dan casos de posesión diabólica y de exorcismo. Sin embargo, son las *Sonatas* la obra en que Valle-Inclán desarrolla un ambiente satánico más elaborado, como bien ha demostrado Zamora Vicente.

Dado el carácter sagrado de la casa en términos universales y la presencia impregnante de magia y supersticiones en Galicia, no debe sorprender que este carácter se refleje en las casas que aparecen en los esperpentos de Valle-Inclán, especialmente en aquellos cuya acción tiene lugar en la región gallega.

1.1. La casa rural gallega.

La casa gallega aparece ejemplificada en varias obras: *Divinas palabras, Ligazón, La rosa de papel* y *El embrujado*. Como se ha afirmado anteriormente, la casa gallega suele incluir tierras para cultivar vegetales y guardar ganado y otros animales de crianza. En muchas ocasiones, a las casas de campo se las llama caseríos, casales o caserones, como es el caso en las obras citadas.

Divinas palabras proporciona el mejor ejemplo de la sacralización de la casa y servirá para su descripción. La acotación a la escena primera de la jornada segunda describe la típica casa rural gallega:

> Viejo caserío con palios de vid ante las puertas. Eras con hórreos y alminares. Sobre las bardas, ladradores perros. El rayar del alba, estrellas que se apagan, claras voces madrugueras, mugir de vacas y terneros. Sombras con faroles entran y salen en los establos oscuros, portando brazadas de yerba. Cuece la borona en algún horno, y el humo de las jaras montesas perfume el casal que se despierta. MARICA DEL REINO, acurrucada en el umbral de su casa, se desayuna con el cuenco de berzas. (49)

Siguiendo el patrón común, el caserío está rodeado de tierras que conservan ganado y otros animales, teniendo hórreos, alminares y establos. Los animales dan vida a la casa, la cual cobra dimensiones humanas: la casa "se despierta" como si fuera un ser vivo. El carácter sagrado de la casa está representado por los "palios de vid" que cuelgan en las puertas. El colgar todo tipo de ramas, frutos o vegetales es común en el folklore gallego, y este rito ya se observa en las cantigas galaicas. Su función es purificar la casa y su entrada: "Esta obsesión ritual por purificar las entradas y proteger las salidas -los límites- realza la unicidad, la separación y oposición de la casa en relación al pequeño universo local que la rodea: la aldea, esto es, las otras casas y personas"

(Lisón 103). Las puertas y las verjas de la casa cobran así una gran importancia, pues delimitan las propiedades. Esto es muy importante, pues las casas

> están muchas veces rodeadas de una finca que les pertenece. Gallinas, ovejas, cerdos, vacas y algún caballo picotean y pastan a placer, pero no sólo por ese terreno propio. Pasan con facilidad al del vecino -no está vallado- para aprovechar no sólo los pastos, sino el maíz que crece, las uvas que cuelgan, etc. (109)

La vida vecinal es común, dada la cercanía y aislamiento de muchos de los caseríos. No extraña entonces encontrar a una vecina conversando amigablemente con Marica del Reino. Sin embargo, el espacio reducido de la aldea, junto con una población pequeña, fácilmente dan lugar a rumores, envidias, rencillas y peleas, como sucede en *Divinas palabras*, donde el adulterio de Mari-Gaila provoca la ira de los aldeanos, los cuales la castigan desnúdandola en público y apedreándola, como pretendieron hacer con la adúltera los fariseos en el Nuevo Testamento.

La función sagrada de la puerta otorga a ésta un papel fundamental y Valle-Inclán traduce esto a un sinfín de alusiones a la puerta. Es increíble la gran cantidad de veces que se cita la puerta o al umbral en las obras de Valle-Inclán. Por no ser exhaustos, bastará una selección de citas de *Divinas palabras* para ofrecer una idea de la recurrencia de esto:

> -MARICA DEL REINO, acurrucada en el umbral de su casa, se desayuna con el cuenco de berzas. (49).

> -EL CIEGO DE GONDAR... asoma en la puerta del mesón. (63)

> -MARI-GAILA, en la puerta de la garita, se agacha y levanta un naipe caído en la arena. (74)

> -... en el umbral de la puerta, blanco de luna, aparece la MARI-GAILA. (88)

> -PEDRO GAILO, arrodillado en la puerta, con los brazos abiertos, envía la escolta de sus palabras. (99)

Nótese cómo en la última cita la puerta parece tener un poder especial: Pedro Gailo se arrodilla ante ella, en actitud de oración, desesperado ante el adulterio de su esposa Mari-Gaila. El arrodillarse al pasar el umbral de una puerta es un rito común, fácil de entender bajo la siguiente explicación de Mircea Eliade (1959):

> Numerous rites accompany passing the domestic threshold -a bow, aprostration, a pious touch of the hand, and so on. The threshold has its guardians -gods and spirits who forbid entrance both to human enemies and to demons and the powers of pestilence. It is on the threshold that sacrifices to the guardian divinities are offered. (25)

Lo que Pedro Gailo estaba haciendo arrodillado se convierte así en una réplica paródica de los antiguos sacrificios. Los personajes valle-inclanescos, más que estar en la casa, parece que siempre se detengan en el umbral. Carol Maier intuyó la importancia del umbral cuando le otorgó categoría estética de lugar maravilloso, pero no se detuvo a analizar su función. Para ello se necesita investigar algo más el simbolismo de la puerta.[1]

La puerta es un símbolo de transición o pasaje de un mundo a otro. El pórtico de la iglesia o del templo cobra, evidentemente, aun mayor importancia que la puerta de la casa. En los esperpentos de Valle-Inclán, los personajes permanecen en el umbral de las puertas, más que cruzarlas, lo que realza la frontera entre el mundo exterior y los dominios sagrados de la casa.

---

[1] **Door (Gate, Portal).**
Similar to BRIDGE, it is a symbol of transition from one realm to a new one (e.g., from this world to the next, from the profane to the holy). The idea of a heavenly gate or sun gate that marks the transition into the extraterrestrial, divine realm is widespread. Also the underworld or the realm of the dead often lies, according to the ideas of many peoples, beyond a great gate or door. -The closed door often points to a hidden secret, but also to prohibition and futility; the open door or gate presents a challenge to pass through or signifies an open secret. -The representation of Christ in medieval panels refers to Christ's saying: "I am the gate." (*Herder Dictionary of Symbols* 60)

Los engaños maritales son comunes en las aldeas, como queda reflejado en *Divinas palabras*, *El embrujado* y *Los cuernos de Don Friolera*, y atacan el carácter sagrado del hogar al romper su armonía interior. En la primera obra, Mari Gaila comete adulterio con Séptimo Miau; en la segunda, Rosa Galans lo hace con Anxelo, mientras que, en la tercera, Doña Loreta lo hace con Pachequín, el barbero. Una consecuencia de estos engaños es que, debido al tamaño de las aldeas donde esto sucede, pronto los adulterios son conocidos por los habitantes, lo que provoca cizañas y peleas, las cuales, a veces, terminan violentamente.

La casa introducida en *Ligazón* presenta una peculiaridad única: es una venta. La "mozuela" protagonista de la historia vive en ella con su familia, pero el hecho de que sea una venta rompe toda posible frontera con el mundo exterior, pues alojan a todo viajante dispuesto a pagar por el aposento. El carácter sagrado de la casa queda, pues, transgredido. No es de sorprender, por lo tanto, que los dueños de la venta tengan y empleen poderes diabólicos, como hace la "mozuela". Esta seduce al afilador que pasaba por el camino frente a la casa, y, posteriormente, demuestra sus poderes mágicos al adivinar que el afilador se detuvo a recordarla al cruzar un puente. Finalmente, reconoce ser una bruja y propone hacer una "ligazón" de sangre con el afilador: "-El afilador.- ¡Por Cristo, que bruja aparentas! La mozuela.- ¡Y lo soy! Beberé tu sangre y tú beberás la mía" (35). Tras llevar a cabo la ligazón, el afilador entra en el dormitorio de la mozuela por la ventana y, poco más tarde, la mozuela lo acuchilla con unas tijeras, supuestamente para beber más de su sangre, dado su carácter vampírico. El asesinato, sin embargo, podría haber sido previsto en base a la imagen superpuesta del cuchillo y la luna, que suele simbolizar un inminente acto violento.

La rosa de papel presenta la casa de Simeón Julepe, en donde éste tiene su fragua. Esta es una típica casa rural. El hogar se junta aquí con el lugar de trabajo. La puerta de esta casa protege a la familia del mundo exterior, como se deduce de la gran cantidad de citas que la aluden:

> El viento frío arrebuja la cortina cenicienta de la lluvia, que rebota en el umbral. (45)

Dos vecinas cotillonas, figuras grises con vaho de llovizna, se meten de un pulo por la puerta, ponderando el arrecido de la helada... (48)

Marchando con la cara torcida, sin perder ojo de las cotillonas, cierra la puerta. (53)

El umbral también es citado específicamente, si bien las citas anteriores aluden indirectamente a él. La composición de la casa es bien completa: dispone, además de la fragua, de un desván (55, 63), un camastro (52, 56), un "banco rojo y angosto" (54), una escalera (57), una "escalerilla del fayado" (48), un ventano (57) y una claraboya (60). Toda la casa termina ardiendo cuando la esposa de Julepe tropieza con una vela encendida e incendia accidentalmente la rosa de papel, las ropas y el cuerpo de Floriana y al mismo Julepe, a quien se mantiene abrazada. El carácter purificador del fuego redime a sus inquilinos de su culpa.

La casa rural gallega queda descrita con mayor amplitud en *El embrujado*, cuya primera parte se llama, significativamente, "Geórgicas" (75). La casa de Anxelo es de piedra y está "cubierta con paja de maíz y envuelta en humo" (108). Es de grandes dimensiones y dispone de zaguán, solana y alero (75). Está rodeada de un campo verde "cercado de laureles viejos" (75) y de "un muro" (76). Como es frecuente en las casas de campo, tiene una cancela como entrada, lo que se observa en casi todas las obras de ambiente rural de Valle-Inclán.

La casa de Don Pedro Bolaño es similar, con una "gran cocina, ahumada de cien años, que dice con sus hornos y su vasto lar holgura y labranzas" (131). La cocina dispone de una chimenea de piedra y es el centro de la casa, como era anteriormente. En ella hay una mesa (133), donde se sienta la familia para las comidas. En el sótano, disponen de una bodega, donde guardan las botellas de vino. Rosa Galans se dirige a esta casa para recoger a Pedro y Mauriña y llevárselos con ella a "...los Infiernos!" (150)   Este acto sacrílego es enfatizado por el narrador:

La mirada dura y negra de Rosa Galans los sigue hasta que pasan el vano del arco. La Galana, en el *umbral*, se vuelve, escupe en las losas y hace los cuernos con la mano izquierda. Las gentes de la cocina se santiguan. Un momento después tres perros blancos ladran en la *puerta*. (150) [énfasis nuestro]

La Galana, con sus poderes de bruja, ha convertido a su marido e hija en perros blancos, así como a sí misma, ante el pavor de los habitantes de la casa, que se santiguan al ver tal acto de brujería.

1.2. La casa andaluza.

El Coto de los Carvajales es la casa de campo que los Marqueses de Torre-Mellada tienen en Solana del Maestre, Córdoba:

> Solana del Maestre, famosa por sus mostos y mantenimientos, se halla sobre los confines de La Mancha con Sierra Morena. Antañazo, como rezan allí los viejos, estuvo vinculada en una Encomienda de Alcántara: Hogañazo, las olivas, piaras y rebaños del término se reparten entre dos casas de nobleza antigua y un beato arrepentido, comprador de bienes eclesiásticos en los días de Mendizábal. Solana del Maestre, en llanura fulgurante y reseca, es un ancho villar de moros renegados, y sus fiestas, un alarde berebere." (*¡Viva mi dueño!* 112)

Solana aparece aquí descrita en su carácter tanto geográfico como histórico, lo que dota al pueblo de una apariencia muy realista. Sin embargo, como es común en Valle-Inclán, el pueblo es una invención, pues no hay ningún pueblo con ese nombre. La *Enciclopedia Universal Europeo Ilustrada* documenta muchos en Andalucía que empiezan con "Solana" (Solana de las Motetas o de las Pérez, en Almería, Solana del Marechal, en la misma provincia, etc.), pero no hemos hallado huella alguna de Solana del Maestre. El autor parece haber mitificado el pueblo andaluz en general bautizando el pueblo de su novela con un nombre no existente. Andalucía es conocida por su clima caluroso y por su sol, por lo que el autor decidió, adecuadamente, llamar al pueblo "Solana", lugar donde da el sol, pero le añadió "del Maestre" para otorgarle un carácter más verosímil. Con el mismo propósito añadió la situación geográfica e inventó parte de sus antecedentes históricos.

El caserío de los Marqueses de Torre-Mellada ejemplifica la típica hacienda andaluza, albergadora de campos de cultivo y para el ganado. Estas haciendas suelen ser propiedad de un noble y ofrecer empleo a un buen número de trabajadores. El Coto de los Carvajales aparece por vez primera en *La Corte de los milagros* y vuelve a aparecer en *¡Viva mi dueño!* Como corresponde a unos marqueses, la casa es una hacienda de grandes dimensiones, pero no por ello carece del carácter sagrado de la humilde casa gallega, sino que incluso es escenario de milagros, como se desprende de esta descripción de *La Corte de los milagros*:

> Eran tierras de señorío. La vasta casona fué lugar de muchas intrigas y conjuras palaciegas durante el reinado de Isabel II. Los Duendes de la Camarilla, más de una vez juntaron allí sus concilios, y tiene un novelero resplandor de milagro, aquel del año 49, donde se hizo presente en figura mortal, la célebre Monja de las Llagas. ¡Notorio milagro! Se comprobó que cuando esto acontecía, la Santa Madre Patrocinio estaba rezando maitines en el Convento de la Trinitá dei Monti... (83)

La camarilla de la reina Isabel, así como la nobleza, esparció muchos rumores acerca de la milagrosa aparición de la monja Patrocinio en el Coto de los Carvajales, difundiendo la fama del casón.

Las dimensiones del casón son enormes, así como sus tierras:

> Cinco quinterías albergaba en su término el Coto de los Carvajales: Castril, Solanilla, Pedrones, Cerrato y Majuelos: Era un gran dominio de olivas y tierras adehesadas, con casona antigua en cerco de cuadras, alpendes, lagares y toriles. A lo largo del camino, oculta en los encinares, sonaba la castañuela de la urraca. (93)

No es de extrañar entonces, dada la vastedad de la finca, que los bandoleros se refugien en sus tierras:

> Está el Coto de Los Carvajales señalado en la crónica judiciaria de aquellos días isabelinos, como madriguera de secuestradores y cuatreros.... El Marqués de Torre-Mellada, en los pagos manchegos, y Su Alteza el Infante don Sebastián, en Córdoba, eran notorios padrinos de la gente bandolera. (107)

El bandolerismo era un problema real en la Andalucía de la época, como ha quedado documentado en la historia. Los bandoleros solían ocultarse en el campo o la montaña: no es así de extrañar que el molino de que disponía la finca sirviera de refugio para los bandoleros peregrinos. El motivo de que los dueños permitieran esto ya es más difícil de discernir.

En una finca de este tamaño y lujo, no puede tampoco faltar un jardín:

> Tenía la casona un jardín de naranjos con alambrilla en los caminos: Un jardín de traza morisca, recluso entre tapias de cal rosada. El espejo de una alberca estrellaba sus mirajes en una métrica de azulejos sevillanos. Aquel jardín pedía las voces de un esquilón de monjas, tal era su gracia sensual y cándida, huidiza del mundo, quebrada de melancolía. El Marqués de Bradomín amaba desenvolver, sobre aquel fondo romántico, sus coloquios con Feliche... (163).

El jardín, como se puede apreciar, adquiere aquí una categoría emotiva y estética por medio de esta sensual descripción modernista. Carol Maier ya ha observado que el jardín valle-inclanesco en general alcanza esta dimensión estética. Pero sobre el motivo del jardín valle-inclanesco hablaremos más en profundidad más adelante, cuando se analicen los marcos naturales.

El Coto de los Carvajales es, fundamentalmente, una casa de recreo a la que los Marqueses de Torre-Mellada se retiran para pasar sus vacaciones. Representa, para ellos, una huida del bullicio y de la tensión de la capital de España, donde viven durante la mayor parte del año. El campo les ofrece el cambio de aires necesario para renovar energías. El entretenimiento temporal adquiere aquí un papel central, por lo que la estabilidad que suele ser característica principal del hogar es aquí desplazada: el Coto no es más que una segunda casa de recreo donde los Marqueses invitan a sus amigos a pasar las vacaciones.

Los Marqueses disponen de habitaciones suficientes en el Coto para invitar a amigos de Madrid, por lo que algunos personajes de la Corte madrileña pueden ser vistos en la finca desde una perspectiva distinta. Aquí hablan de los temas de conversación comunes en el campo: los animales (los caballos en especial, que emplean para montar), la cosecha, la naturaleza, los aldeanos, el bandolerismo, etc. Y, por supuesto, no puede faltar la noble práctica de la caza del zorro. Las mujeres, mientras tanto, se quedan en la casa y conversan de asuntos familiares y de amores.

La casa andaluza representa, de este modo, un marco de lujo y entretenimiento en el que irrumpe el bandolerismo y la superstición milagrera. Los jardines y las fuentes simbolizarán la paz de que disfrutan los Marqueses y sus amigos, mientras que la casa y la cueva serán escenarios de apariciones milagrosas y actos de delincuencia.

1.3. La casa urbana madrileña.

La casa madrileña está ejemplificada por *Luces de bohemia, La hija del capitán, La Corte de los milagros* y *¡Viva mi dueño!*. Mientras estas dos últimas obras muestran el lujoso Palacio de Torre-Mellada como ejemplo de casa, los dos primeros esperpentos describen la humilde casa de un escritor fracasado y de un capitán.

La casa de Max Estrella es descrita en *Luces de bohemia* como una pequeña buhardilla de artista: "Un guardillón con ventano angosto, lleno de sol. Retratos, grabados, autógrafos repartidos por las paredes, sujetos con chinches de dibujante" (5). Sólo una estrecha ventana deja pasar la luz del sol, y no se ve más decoración que papeles en las paredes. Más adelante, se informa de que la casa tiene un sillón y una "silleta" (9). En ese mismo contexto, una puerta que chirría nos da impresión de pobreza y descuido: "Una mano cautelosa empuja la puerta, que se abre con largo chirrido" (9). La extrema pobreza de la familia se agudiza en el velorio de Max Estrella, cuando se observa el grotesco estado de la caja en que lo entierran:

> ... lloran al muerto, ya tendido en la angostura de la caja, amortajado con una sábana, entre cuatro velas. Astillando una tabla, el brillo de un clavo aguza su punta sobre la sien inerme. La caja, embetunada de luto por fuera, y por dentro, de tablas de pino sin labrar ni pintar, tiene una sórdida esterilla que amarillea. (140)

Además de haber conseguido la caja más barata posible, ni siquiera habían podido evitar que un clavo medio suelto hiriera la sien de Max. El resto de la descripción revela lo pequeño del cuarto, pues la caja "posada sobre las baldosas, de esquina a esquina..." (140), abarca toda la longitud de la habitación. Los visitantes, supuestamente, tampoco disponen de sillas para sentarse: "DORIO DE GADEX, CLARINITO y PEREZ, arrimados a la pared, son tres fúnebres fantoches en hilera" (140). Cuando, más tarde, llega Basilio Soulinake, Madama Collet afirma, avergonzada: "¡Perdone usted, Basilio! ¡No tenemos siquiera una silla que ofrecerle!" (146).

La pobreza reflejada por la casa representa, sin duda alguna, la pobreza general de los escritores y artistas de la época en que Valle-Inclán había vivido y que critica a través de *Luces de bohemia*, en boca de Max Estrella: "Paco, las letras no dan para comer. ¡Las letras son colorín, pingajo y hambre!" (93). No en vano, el escritor sitúa la acción de la obra "en un Madrid absurdo, brillante y hambriento" (4).

La casa del capitán en *La hija del capitán* es un poco más decente que la de Max Estrella:

> Lacas chinescas y caracoles marinos, conchas perleras, coquitos labrados, ramas de madrépora y coral, difunden en la sala nostalgias coloniales de islas opulentas. Sobre la consola y por las rinconeras vestidas con tapetillos de primor casero, eran faustos y fábulas del trópico. El loro dormita en su jaula, abrigado con una manta vieja. A la mesa camilla le han puesto bragas verdes. Partida timbera.
> (185)

Como se puede apreciar, la casa dispone de varios muebles: una consola, rinconeras cubiertas con tapetes, una mesa camilla e, incluso, una jaula con un loro. El capitán no adolece de la pobreza de Max Estrella, pues está apostando dinero en el juego de cartas.

En el marco de esta casa se va a producir un asesinato: el de Don Joselito (El Pollo) por parte de El Golfante. Todo empieza con un grito:

> LA VOZ DEL POLLO.- ¡¡Socorro!!
> El eco angustiado de aquel grito paraliza el gesto de las tres figuras, suspende su acción: Quedan aprisionadas en una desgarradura lívida del tiempo, que alarga el instante y lo colma de dramática incertidumbre... En el marco de la *ventana vestida de luna*, sobre el fondo estrellado de la noche, aparece el golfante del organillo.
> EL GOLFANTE.- ¡Ya está despachado!
> LA SINI.- ¡Mal sabes lo que has hecho! Darle pasaporte a Don Joselito.
> (194) [énfasis nuestro]

En esta acotación se ve un motivo que se repite en varias ocasiones a través de la obra valle-inclaniana: la presencia de la luna -especialmente a través de la ventana- como premonitora de un acto de violencia, generalmente de un asesinato. En *Ligazón* (en el *Retablo de la avaricia, la lujuria y la muerte*) se hace particularmente evidente, en donde la luna aparece citada, de uno u otro modo, en prácticamente todas las acotaciones del auto. La luna es así empleada como símbolo de muerte inminente. [2]

A continuación nos enteramos de que la casa tiene jardín y sótano, cuando el Capitán y el General discuten dónde es mejor enterrar el cadáver:

> EL GENERAL.- ¿Y enterrarlo en el jardín?
> EL CAPITAN.- Saldrán todos los vecinos con luces. Para eso mandas imprimir esquelas.
>
> EL GENERAL.- ¿Y en el sótano?
> EL CAPITAN.- Mi General, para los gustos del finado nada mejor que tomarle un billete de turismo. Lo inmediato es bajarlo al sótano y lavar la sangre. Vamos a encajonarle. (197-98)

El autor decide dejarnos en la incertidumbre al respecto, pues, al final del esperpento, se sigue sin saber qué han hecho con el cadáver.

La Corte de los milagros y *¡Viva mi dueño!* ofrecen la descripción más pormenorizada de una casa: el Palacio de los Marqueses de Torre-Mellada. Al ser ambas obras novelas históricas, muchos detalles son o pretenden parecer reales, incluyendo la localización de las casas y acontecimientos, como se desprende de la siguiente descripción de *La Corte de los milagros*:

> El Palacio de los Marqueses de Torre Mellada estuvo en la Costanilla de San Martín.- Aquel caserón, con gran portada barroca, rejas y chatos balcones montados sobre garabatos de hierro, fué, en las postrimerías del reinado isabelino, lugar de muchas cábalas y conjuras políticas. La crónica secreta conserva en donosos relatos y malignas hablillas el recuerdo del vetusto caserón con rejas de cárcel y portada de retablo, la clásica portada de los palacios de nobles en Madrid. (37)

---

[2] *The Herder Symbol Dictionary* explica que la luna,
Because of its waxing and waning and its general influence on the earth, especially on the female, it is closely associated with female fertility, rain and the moistness, as well as with every sort of becoming and *passing away*. (133) [énfasis nuestro]

La localización del palacio en la Costanilla de San Martín ya da al lector la impresión de realidad histórica. El lujo del palacio ya se intuye, aunque las posteriores descripciones lo dejarán bien patente. Varias salas son descritas a lo largo de las dos obras del *Ruedo Ibérico* con suma meticulosidad: el salón de la Marquesa Carolina, la biblioteca, el dormitorio de los Marqueses, con su terraza, una sala de juego, "una galería de arcos, abierta sobre el picadero" (*La Corte de los milagros* 257), donde tiene las jacas, y "el gabinete Azul de la Marquesa Carolina" (258).

La decoración del palacio es exuberante. El salón de la Marquesa Carolina, por ejemplo, está decorado con "rancia sedería, doradas consolas, desconcertados relojes" (37) y, por supuesto, con muchos espejos: "El isabelino salón, con las luces multiplicándose en los espejos, por gracia del garrulero parlar se convertía en una jaula, cromática de gritos y destellos" (44). Los espejos parodian aquí la técnica deformadora del esperpento, al deformar la imagen de las luces y, supuestamente, del salón. El aspecto grotesco adquirido por el salón es aquí sumamente patente, al ser transformado en una jaula: incluso el espacio es animalizado, pues, ¿no es una jaula un espacio cerrado para animales?. El aspecto humorístico, también característico del esperpento, se mezcla aquí con el rasgo cubista de la combinación de sonidos ("gritos") y elementos visuales ("destellos").

La presencia de múltiples espejos es común y muy importante en los esperpentos, ya que fueron precisamente espejos los que crearon la visión esperpéntica: los espejos cóncavos del callejón del Gato en *Luces de bohemia*. El hecho de que el espejo simbolice el conocimiento[3] quizá ayude a comprender porqué Valle-Inclán decidió escoger este objeto como fuente y origen de su género. No es de extrañar que Valle-Inclán invada todas sus obras con espejos, dada su pasión por la Gnosis o conocimiento, como explícitamente declara en el primer ensayo de *La lámpara maravillosa*, titulado "Gnosis". En este "ejercicio espiritual", el autor afirma que hay dos modos de conocer: la Medi-

---

[3] "With reference to the imaging and reflective function of thought, it symbolizes knowledge, self-knowledge, and consciousness, as well as truth and clarity. -It is also a symbol of the creation, which "reflects" the divine intelligence, as well as of the pure human heart, which, for example, God (in Christian mysticism) or the Buddha merges into himself." (*The Herder Symbol Dictionary* 132)

tación y la Contemplación. La Contemplación "es así como una exégesis mística de todo conocimiento, y la suprema manera de llegar a la comunión con el Todo" (7). La presencia de espejos quizá pretenda reflejar esta continua búsqueda del conocimiento. El mismo Valle otorgaba un valor mágico al espejo, como se desprende de la última glosa de la sección de "El anillo de Giges":

> Cuando mires tu imagen en el espejo mágico, evoca tu sombra de niño. Quien sabe del pasado, sabe del porvenir. Si tiendes el arco, cerrarás el círculo que en ciencia astrológica se llama el anillo de Giges. (30)

El espejo evoca, pues, el pasado del individuo que se refleja en él, según Valle-Inclán, quien afirma que para poder adivinar el futuro se debe conocer bien el pasado. El espejo se convierte así en el instrumento de conocimiento: tanto del pasado como del futuro. De allí su presencia constante en los esperpentos.

El salón de la marquesa fue escenario de un sinfín de cotilleos políticos, iniciados por todas las esposas de los políticos que allí se reunían con asiduidad. No es de extrañar que tantas mujeres reunidas formaran una "jaula" de gritos, como satiriza el autor, con la consiguiente difusión nacional de los rumores allí originados.

La biblioteca del Marqués es el absoluto opuesto del salón de la Marquesa. Al griterío presente en éste se le opone el silencio de la Biblioteca: "vasta sala frailuna y silente, propicia al trato de las musas y al estudio de la guitarra por cifra, que profesaba Paco el Feo." (45) Allí se retiraba el marqués a descansar, meditar y, en ocasiones, a tomar sus lecciones de guitarra.

El palacio también es escenario de acontecimientos sobrenaturales, como lo es la aparición de la Madre Patrocinio a la Reina en su dormitorio:

> Doña Isabel alargó una mano trémula que apenas podía sostener el cristal. Se desvanecía. La santa aparición ¿dónde estaba? ¿Por qué se iba alejando y parecía moverse en un fondo de esmalte? La veía en el cristal de la copa, distinta y miniada como una estampa piadosa: Desaparecía con un cabrillo de la luz en el agua. (277)

Se observa aquí como la copa también adapta la función del espejo: la de reflejar imágenes, en este caso, sobrenaturales. Esto ya se había apreciado en *Luces de bohemia*, donde, en plena formulación del esperpento, Max declara que su estética es transformar la realidad por medio de un espejo :

> MAX.-... Mi estética actual es transformar con matemática de espejo cóncavo las normas clásicas.
> DON LATINO.- ¿y dónde está el espejo?
> MAX.- En el fondo del vaso. (133)

El espejo es aquí, como en *La Corte de los milagros*, un vaso.

En *¡Viva mi dueño!*, Patrocinio vuelve a aparecerse a la Reina en el mismo aposento, esta vez mostrando poderes sobrenaturales aún mayores:

> La rancia azafata no introdujo aquella noche el pecado en la Cámara de la Reina: La Seráfica Madre Patrocinio, usando de poderes sobrenaturales, había tomado su lugar. Allí, en la puerta, se levantó los velos: Resplandeció traslúcido de blancura el bulto de la cara. (171)

> La Seráfica, sin ruido, toda velada, desaparece por una galería con los cuadros del Vía Crucis... Al final de la galería, los espejos de un estrado multiplican las luces. La Seráfica iba por el fondo con levitación de marioneta. (173)

Como se ve, los sucesos sobrenaturales siempre van acompañados de la presencia de espejos, que suelen ser multiplicadores de imágenes, es decir, distorsionadores. La deformación esperpéntica, como se aprecia, también alcanza a lo sagrado, como se desprende de este pasaje, en el que se reduce la ascensión al cielo de la monja a una "levitación de marioneta." La aparición sobrenatural de la monja ha adquirido un aspecto grotesco.

2. Los marcos naturales.

Los marcos naturales son, obviamente, aquellos que se hallan al aire libre y que forman parte de la naturaleza. Una vez seleccionados todos los marcos naturales existentes en los esperpentos, fueron clasificados en estos cuatro: el jardín, el marco acuático (el río, el lago, la fuente, el mar, etc.), la cueva y la luna. La luna, como se verá, suele ensalzar la belleza y el misterio de los dos primeros marcos.

2.1. El jardín.

Carol Maier afirma que "los jardines se presentan desde los primeros cuentos como sitios donde se confunden las fuerzas del amor, el odio y la muerte" (227). Eso es bien cierto. Sin embargo, en los jardines observamos, además de escenas de amor y escenas violentas que terminan en crimen, un carácter de suspense muy importante. El valor emotivo del jardín lleva al lector a sospechar que la presencia del jardín premoniza algo trágico. *La farsa y licencia de la reina castiza* desarrolla sus intrigas en los jardines del Palacio Real; Max y Latino se entretienen con dos prostitutas en un paseo con jardines en *Luces de bohemia*; un jardinillo es escenario del adulterio de la Sini en *La hija del capitán*, en donde más tarde el capitán y sus compañeros de timba intentarán enterrar al Pollo, a quien pegaron un tiro. En *Los cuernos de Don Friolera*, éste mata de un pistoletazo a su mujer adúltera en el huerto de su casa. En *La cabeza del Bautista*, Don Igi mata al indiano Jándalo de una puñalada y lo entierra "bajo los limoneros" (169). La repetición de asesinatos o intentos de asesinato en el contexto del jardín o el huerto hace que el lector, en cuanto observa la presencia de uno de los dos, sospeche de que vaya a haber un crimen. Este recurso dramático tiene su paralelo en la recurrente aparición de la luna en García Lorca, la cual premoniza la muerte violenta de alguien, generalmente a cuchillo. El jardín se convierte así en un escenario de romance, misterio y violencia, lo que enfatiza su simbolismo inicial.

Los jardines invaden todas las obras de Valle-Inclán, cobrando así una importancia especial. La reaparición de personajes y escenas que tuvieron lugar en un jardín en obras anteriores otorgan a éste una personalidad única e inconfundible. En efecto, una vez el lector ha observado un crimen en un jardín a la luz de la luna, esperará que suceda lo mismo la próxima vez que reaparezca el mismo escenario. Es un modo en que Valle-Inclán introduce el suspense en sus argumentos.

La acción de la primera jornada de la *Farsa y licencia de la Reina Castiza* tiene lugar en los jardines del Palacio Real:

En verde y rosa: una floresta de jardines y surtidores. Los violines
de la orquesta hacen papel de ruiseñores. Calla la luna los follajes.
Y albea el Palacio Real que acrobático en los mirajes del lago, da
un salto mortal. (12)

Se aprecia en esta acotación la común combinación valle-inclanesca de tres elementos de la naturaleza: el jardín, el marco acuático (unas fuentes y un lago en este caso) y la luna. Este marco, inicialmente romántico, sufrirá una transformación para convertirse en un espacio dramático en que convivirán el romanticismo, el misterio y la violencia vistos desde una perspectiva esperpéntica.

Los árboles forman parte del jardín y aportan un simbolismo muy preciso. Mircea Eliade (1981) lo describe de este modo:

> Un árbol se convierte en sagrado en virtud de su *poder*; dicho de otro modo: porque *manifiesta* una realidad extrahumana... Por su simple presencia ("el poder") y por su propia ley de evolución ("la regeneración"), el árbol repite lo que, para la experiencia arcaica, *es* el cosmos entero. El árbol puede, sin duda, llegar a ser un *símbolo* del universo... pero para una conciencia religiosa arcaica, el árbol *es* el universo, y *es* el universo porque lo repite y resume a la vez que lo "simboliza". (277-8)

El árbol es así un símbolo cósmico que representa la armonización del mundo terrestre con el divino: su simbolismo es semejante al del círculo, dado su carácter cíclico. En *Divinas palabras*, la presencia de árboles es muy frecuente, si bien siempre se hallan al borde de un camino o junto a una iglesia:

> -Pareja de árboles sobre la carretera. (20)

> -Otro camino galguenado entre las casas de un quintero... umbría de álamos. (28)

> -El robledo, al borde del camino real. (33)

> -Un soto de castaños donde hace huelga la caravana de mendigos, lañadores y criberos, que acuden anuales a las ferias de Agosto en Viana del Prior... carretera. (53)

> -Tiempo de ferias en Viana del Prior. Rinconada de la Colegiata... Un campo... Sombras de robles con ganados. (61)

El camino y el árbol van unidos por simbolizar ambos lo mismo: a Cristo. En el evangelio según san Juan, vv. 14:6, Cristo afirma que es el camino de la salvación. La cruz, que no era más que un árbol, por otra parte, es identificada con Cristo. El árbol y el camino tienen, pues, el mismo simbolismo. Tampoco se debe olvidar el simbolismo que lleva consigo el árbol de la Sabiduría.

La presencia de tantos símbolos cristianos en *Divinas palabras* culmina, al final de la obra, con una cita del Nuevo Testamento en latín: "Qui sine peccato est vestrum, primus in illam lapidam mittat" (Juan 8:7) [Quien esté libre de pecado, que tire la primera piedra]. Esas son las "Divinas palabras" aludidas en el título. Valle-Inclán incluyó todos estos símbolos cristianos para que combatieran a los personajes satánicos presentes en la obra: Lucero ("amigo del Diablo" [15]) y su perro Coimbra (que "tiene pacto con el compadre Satanás" [17, 26]), Colorín ("pájaro mago' [61]), el Trasgo cabrío (90) y Séptimo Miau, que practica el "Arte del Diablo" (123). Queda así ejemplificada la eterna oposición entre el Bien y el Mal, representada por Dios y los amigos del Diablo. La exorcización de los posesos, tan común en las primeras obras de Valle-Inclán, no es más que la ejemplificación de esta batalla con el Mal.

El huerto es pariente del jardín y, en él, también ocurren actos misteriosos. En *Las galas del difunto*, Juanito Ventolera se presenta en el huerto de la Sotera con el terno que le ha robado a un difunto. Al apostarle sus amigos que no sería capaz de conseguir también el bombín, él no se arredra, sino que ríe, añadiendo: "A mí me cae simpático el Diablo" (40). Valle-Inclán expresó en *La lámpara maravillosa* que el huerto era para él un marco de iniciación: "La tarde azul en el huerto de rosales fue el momento de una iniciación donde todas las cosas me dijeron su eternidad mística y bella" (111). El huerto otorga así a lo que lo rodea de un valor estético, místico y eterno.

Tirano Banderas ofrece una visión completamente diferente del jardín. Si bien hasta ahora se habían visto los jardines sin descripción precisa, al estilo francés o español, los jardines de esta obra observan una perfecta geometría:

El Jardín de los Frailes, *geométrica* ruina de cactus y laureles, gozaba la vista del mar. (36)

Y los cocuyos encendían su danza de luces en la borrosa y lunaria *geometría* del jardín. (79)

El jardín de la virreina era una galante *geometría* de fuentes y mirtos, estanques y ordenados senderos. (228) [énfasis añadido]

La estructura geométrica de los jardines enlaza así con la estructura geométrica de la novela que se había señalado en el capítulo primero. Si la estructura de la novela era matemáticamente simétrica, el jardín está organizado geométricamente. El jardín es así una perfecta representación del microcosmos novelesco y su organización. *La Corte de los milagros* introduce un jardín romántico en el Coto de los Carvajales:

> Tenía la casona un jardín de naranjos con alambrilla en los caminos: Un jardín de traza morisca, recluso entre tapias de cal rosada. El espejo de una alberca estrellaba sus mirajes en una métrica de azulejos sevillanos. Aquel jardín pedía las voces de un esquilón de monjas, tal era su gracia sensual y cándida, huidiza del mundo, quebrada de melancolía. El Marqués de Bradomín amaba desenvolver, sobre aquel fondo romántico, sus coloquios con Feliche..." (163)

Se observa que este jardín pretende proporcionar un mundo alejado del mundo real. Es un jardín tapiado, "de traza morisca", por lo que sigue la estructura del jardín inglés: muy simétrico y perfectamente organizado. Como de costumbre, incluye un marco acuático: en este caso, una alberca, que cumple la función de espejo, reflejando la escena, si bien también sugiere un ambiente romántico. La belleza simétrica del jardín simbolizará así el carácter cerrado y elaborado de las acciones narradas en este marco.

2.2. El marco acuático.

La obra de Valle-Inclán está llena de ríos, lagos y fuentes: el agua es omnipresente. También se observa el agua en otras formas, como en la de acequia, alberca, charca, mar, laguna, etc. No es ello de extrañar, dado el simbolismo vital del agua, según lo refiere Mircea Eliade (1981):

> Podríamos decir en síntesis que las aguas simbolizan la totalidad de las virtualidades; son *fons et origo*, matriz de todas las posibilidades de existencia. "¡Agua, tú eres la fuente de todas las cosas y de toda existencia!", dice un texto indio (*Bhaviçyottarapurâna*, 31, 14) sintetizando así la larga tradición védica. (200)

El agua es así el origen de la existencia. No en vano el mundo fue creado en las aguas, como relata el Génesis:

> Al principio creó Dios los cielos y la tierra. La tierra estaba confusa y vacía y las tinieblas cubrían la haz del abismo, pero el espíritu de Dios se cernía sobre la superficie de las *aguas*. Dijo Dios: "Haya luz"; y hubo luz. Y vio Dios ser buena la luz, y la separó de las tinieblas; y a la luz llamó día, y a las tinieblas noche, y hubo tarde y mañana, día primero. Dijo luego Dios: "Haya firmamento en medio de las *aguas*, que separe unas de otras"; y así fue. E hizo Dios el firmamento, separando *aguas* de *aguas*, las que estaban debajo del firmamento de las que estaban sobre el firmamento. Y vio Dios ser bueno. (*La Sagrada Biblia* 1:1-8) [énfasis nuestro]

Vemos en esta cosmogonía bíblica cómo el mundo nació en las aguas, impulsado por el espíritu de Dios presente en ellas. El nacimiento de un niño es una repetición del mito cosmogónico, pues también nace en las aguas del vientre de la madre. El agua adquiere así un rasgo de eternidad, una de las obsesiones de Valle-Inclán, como expresa en varias de sus obras. En *La lámpara maravillosa*, por ejemplo, hablando de Toledo, Valle-Inclán declara: "Allí las horas son una misma hora, eternamente repetida bajo el cielo lluvioso" (97).

Hay tantas alusiones a marcos acuáticos en la obra valle-inclanesca que no se podrán estudiar todas las alusiones existentes. Unicamente se señalarán las más significativas.

Entre los elementos acuáticos presentes en los esperpentos, es probablemente la fuente el más recurrente. En la *Farsa y licencia de la reina castiza*, varias fuentes decoran el jardín del Palacio Real:

> En verde y rosa: una floresta de jardines y *surtidores*. Los violines de la orquesta hacen papel de ruiseñores. Calla la luna los follajes. Y albea el Palacio Real que acrobático en los mirajes del *lago*, da un salto mortal. (12) [énfasis nuestro]

Las fuentes aparecen aquí formando parte de una floresta o jardín y acompañadas de otro elemento acuático: un lago. Vemos aquí que el lago ofrece un reflejo del Palacio Real, adquiriendo el papel del espejo, lo cual es común en la literatura. El mismo autor alude al papel de espejo de la fuente:

La patrulla calamucama
bajo la luna hace zig-zás,
y el espejo de la fontana,
al zambullido de la rana,
    ¡hace chas! (44)

Se observa en estos versos cómo la fuente adquiere función de espejo y refleja los movimientos de la patrulla.

También debe señalarse la presencia de la luna, pues ésta suele complementar a los marcos acuáticos para formar un ambiente de belleza y misterio, quizás debido a que se la asocia con ritos de pasaje o de muerte (*Herder Dictionary of Symbols* 133). Recuérdese, por ejemplo, *Ligazón*, donde la mozuela, al matar al afilador, "quiebra el rayo de luna con el brillo de las tijeras" (37). Y no falta en la venta una fuente donde se pueda reflejar la luna: "A la vera del tapial se espeja en las aguas del dornil donde abrevan las yuntas" (13). El reflejo de la luna en el agua tiende a premonizar una muerte violenta, especialmente cuando esta imagen es reiterada, como sucede varias veces en el *Retablo de la avaricia, la lujuria y la muerte*.

La charca adquiere poderes mágicos y sobrenaturales en *Sacrilegio*, auto plagado de elementos satánicos:

El Padre Veritas, puesta la linterna en alto, se mira en el *espejo de la charca*, y el ojo de la linterna le mete su guiño sobre la tonsura. Sintió cubrírsele el alma de beato temor, frente al reflejo *sacrílego* de su imagen inmersa, *sellada por un cristal*, infinitamente distante del mundo en la *cláusula azul de la charca*, el ojo de la linterna como un lucero sobre la tonsura de San Antoñete. (201)

Este pasaje es revelador, pues deja bien patente la intención esotérica del autor, así como su dominio de los conocimientos secretos de la magia. La terminología es claramente ocultista: la alusión al espejo de la charca, que adquiere carácter mágico; el reflejo del Padre Veritas en ella, que considera sacrílego; el "sello" del cristal; la cláusula azul; todos estos términos son reminiscentes del vocabulario hermético del autor de *La lámpara maravillosa*. La influencia hermética impregna este libro: "Yo sentía la emoción del mundo místicamente, con la boca sellada por los siete sellos herméticos" (13). El "sello" hermético es un término para iniciados. Los espejos, o cristales, también tienen valor místico, y consiguieron la fascinación de Valle-Inclán: "De todas las cosas bellas para los ojos, ninguna tanto como los cristales. El goce de los ojos al mirarlos es un sentimiento sagrado, porque para los ojos los cristales no tienen edad" (25). El espejo y el cristal, como el agua, simbolizan así eternidad. La "cláusula azul de la charca" también sugiere un término sólo comprensible para iniciados, es decir, esotérico, que significa, etimológicamente, "secreto".

De entre todos los marcos acuáticos existentes en la obra de Valle-Inclán, el más revelador es sin duda el río que aparece en el libro quinto de *La Corte de los milagros*, llamado, significativamente, "La soguilla de Caronte". El río viene a ser una parodia de la Laguna Estigia. Entre Solana del Maestre y la aldea donde está el cementerio hay un río y, al no haber puente, cuando el agua es profunda, no pueden atravesarlo. El único modo de trasladar al muerto es entonces por medio de una cuerda. Tienen entonces que lanzar esta cuerda ("soguilla") a la otra orilla del río para que la recojan los aldeanos del otro pueblo, atar al muerto con el otro cabo y dejar que los otros lo arrastren por el río. De allí el título de la sección: "La soguilla de Caronte". El muerto, literalmente, tiene que atravesar la Laguna Estigia al morir para ser enterrado en el cementerio.

Es interesante que Valle-Inclán titulara este capítulo "La soguilla de Caronte", pues, de no haber sido así, hubiera sido difícil para el lector identificar la parodia que el autor pretendió realizar. Pero la mención de Caronte nos remonta a la Laguna Estigia, el río de los Infiernos, por lo que la parodia queda evidente: el río que cruza el muerto en *La Corte de los milagros* es una evidente parodia del río infernal. El mismo Bermejo Marcos observa en esta obra un claro paralelismo con el *Infierno* dantesco (315).

El grotesco modo de transportar el muerto, arrastrando la caja por el río con una cuerda, añade un carácter esperpéntico a la situación. Otro aspecto más de la parodia es que sólo los muertos que habían sido enterrados podían cruzar la Estigia, como afirma Morford: "Charon is not allowed to transport them [the dead] over the hoarse-sounding waters to the dread shore if their bones have not found rest in proper burial..." (267). En cambio, en el esperpento, los aldeanos cruzan al muerto para enterrarlo: los factores han sido invertidos. La deformación literaria sigue siendo lugar común en nuestro autor.

La Estigia es un leitmotif de la obra valle-inclanesca. No en balde ofrece la perspectiva esperpéntica, como declara Don Estrafalario en *Los cuernos de Don Friolera*: "Mi estética es una superación del dolor y de la risa, como deben ser las conversaciones de los muertos, al contarse historias de los vivos" (68). El autor quiere adoptar el punto de vista de los muertos cuando observan a los vivos: "Yo quisiera ver este mundo con la perspectiva de la otra ribera" (69). Es la perspectiva desde arriba que se había comentado antes que Valle-Inclán había adoptado en sus esperpentos.

Max Estrella, en *Luces de bohemia*, también alude a la Estigia en conversación con Rubén: "¡Rubén, te llevaré el mensaje que te plazca darme para la otra ribera de la Estigia! Vengo aquí para estrecharte por última vez la mano, guiado por el ilustre camello Don Latino de Hispalis" (104). Y, además, como se vio, el peregrinaje de Max y Latino recrea paródicamente el viaje clásico al Infierno siguiendo de cerca el *Infierno* dantesco. Todas estas alusiones contribuyen a hacer más comprensible y verosímil la estructura dantesca de *Luces de bohemia*.

El mar aparece también en varias obras: en algunas, como fondo (cuando se introduce la costa marítima); en otras, como marco principal (*Baza de espadas*). La presencia de puertos, muelles y playas se advierte en *Divinas palabras*, *Las galas del difunto*, *Los cuernos de Don Friolera* y *Tirano Banderas*. *The Herder Symbol Dictionary* define así el simbolismo del mar:

> It is a symbol of inexhaustible vital energy. From the psychoanalytic perspective, in so far as it is related to the ambivalent face of the giving and taking, rewarding and punishing Great Mother, it is also a symbol of the abyss, which swallows everything... As an immeasurably great surface, it is a symbol of infinity (e.g., for the mystics it symbolized dissolving in God). (167)

La mayoría de las menciones del mar lo presentan como decorado de fondo al puerto, sus muelles y sus tabernas. *Divinas palabras* nos proporciona una escena típica:

> Una garita de carabineros medio tumbada en la playa y deshaciéndose. Olas de mar con perfiles de plata abren sobre las peñas; se mecen sombras de masteleros; alumbran las boyas lejanas; en la taberna del puerto hay coplas y cartas." (72)

Las tabernas de los puertos es un común lugar de encuentro para los marineros que vienen y van de un lugar a otro. Suele ser un sitio ideal para mezclarse entre la gente sin ser descubierto, como era el propósito de Séptimo Miau y Mari-Gaila al presentarse allí: reunirse furtivamente. En *Las galas del difunto*, por ejemplo, el autor sitúa "La casa del pecado", una casa de prostitución, "en un enredo de callejones, cerca del muelle viejo" (11). Los puertos son así también escenario de pecados secretos. Del mismo modo, el principio de *Los cuernos de Don Friolera* también tiene lugar en los muelles, presentando a Don Friolera escandalizado por el adulterio de su mujer. El sexo es así tema principal en las escenas portuarias, reflejado quizás por las olas del mar, que simbolizan las pasiones descontroladas.[4]

La playa es, en cambio, en *Tirano Banderas*, un lugar de desembarque para el ataque. Filomeno Cuevas, al principio de la novela, expone su plan de ataque al castillo al Coronelito de la Gándara:

> Trasbordo mi gente, y la desembarco en la playa de Punta Serpientes. Sorprendo a la guardia del castillo, armo a los presos, sublevo a las tropas de la Ciudadela. Ya están ganados los sargentos. Ese es mi plan, Domiciano. (10)

La playa es así un lugar al que se puede llegar por sorpresa desde el mar para atacar desprevenidamente el Fuerte de Santa Mónica, "castillote teatral con defensas del tiempo de los virreyes..." (183). Un castillo tan bien dotado debía ser atacado por sorpresa para tener alguna posibilidad de poder conquistarlo.

Pero son sin duda los médanos, los cenagales, las acequias, las lagunas y las pequeñas rías los marcos acuáticos más característicos de *Tirano Banderas*. Las aguas presentes en esta novela están decididamente sucias, como se desprende de las siguientes citas: "El Coronelito voltea el reloj por la cadena, y con risa jocunda lo manda al cenagal, entre los marranos..." (116); "El Coronelito y Zacarías caminaron por el borde de la gran acequia hasta el Pozo del Soldado..." (119); "Zacarías condujo la canoa por la encubierta de altos bejucales hasta la laguna de Ticomaipú... " (135); "La Laguna de Ticomaipú era, en su cerco de tolderías, un espejo de encendidos haces..." (153); "El Coronelito saltó en la riba fangosa..." (136). Como se observa, las acequias, los cenagales, las lagunas tienen una apariencia decididamente sucia, si bien no impiden que los personajes los crucen en canoa o a pie, vadeándolos. Estos marcos acuáticos contribuyen a dar al espacio de la novela un aspecto tropical de jungla. El Fuerte ejemplifica lo

---

[4] Las olas, según *Herder*, simbolizan "uncontrolled powers." (212)

venenoso de estas aguas: "El Fuerte de Santa Mónica, que en las luchas revolucionarias sirvió tantas veces como prisión de reos políticos, tenía una pavorosa leyenda de aguas emponzoñadas, mazmorras con reptiles, cadenas, garfios y cepos de tormentos" (180). Este terrible aspecto de sus condiciones imponía indudablemente temor a sus enemigos.

Finalmente, *Baza de espadas* ofrece un simbolismo del mar completamente diferente: la de un medio de tránsito. En esta novela, un grupo de españoles, los hermanos Tiberio Graco y Tiberio Nerón, se embarcan en un barco en el puerto de Gibraltar en dirección a Londres. La larga travesía les permite relacionarse con otros pasajeros del vapor, que incluye gente de muy diversos países. El barco se convierte en una especie de torre de Babel, en donde se producen todo tipo de contactos interpersonales y sociales. El mar ha roto así las fronteras nacionales inevitables en tierra.

2.3. La cueva.

El marco de la cueva aparece en *Sacrilegio*, auto incluido en *El retablo de la avaricia, la lujuria y la muerte* y en *La Corte de los milagros*. El auto es una historia típica de bandolerismo: unos bandoleros secuestran al hijo de un hacendado para conseguir un buen rescate a cambio. El encierro tiene lugar en la "Cueva del Rey Moro" (187). Es interesante observar que Valle-Inclán utiliza la misma historia en *La Corte de los milagros*, con incluso los mismos personajes, claro ejemplo de auto-referencia intertextual.

La cueva es un lugar ideal para esconder tesoros. La literatura se halla repleta de ejemplos. Mircea Eliade (1959) explica el motivo por el que los delincuentes escogen una cueva para esconderse: "Caves are secret retreats, dwellings of the Taoist Immortals and places of initiation. They represent a paradisal world and hence are difficult to enter" (153). La cueva nos remonta a Platón: "Plato's 'Allegory of the Cave' is a symbolic depiction of the human epistemological condition in a world of mere likenesses and illusion; it is a person's task to escape this cave and ultimately attain a vision of the ideal world" (*Herder Symbol Dictionary* 33). Los bandoleros, como en la cueva platónica, ven o sueñan con ilusiones: con la ilusión de hacerse ricos por medio del rescate. Este carácter maravilloso se observa en la descripción de la Cueva del Rey Moro:

Las cristalinas arcadas se atorbellinan de maravillosos reflejos, y el esmalte de una charca azul tiene ráfagas de sangre. A la boca del sésamo, con el oído en la tierra, vigila una sombra. En la fábula de luces acciona y gesticula el ruedo moreno de los caballistas. (187)

Los reflejos maravillosos y la "fábula de luces" señalan cierto carácter legendario de la cueva, lo que le otorga el carácter ideal o de ilusión de la cueva platónica. Sin embargo, al final, el resultado de su intento fracasado de secuestro devolverá a los bandoleros a la cruel realidad. La parodia queda de manifiesto.

La cueva también simboliza el Hades o infierno, pues está bajo tierra, por lo que no sorprende encontrarnos a un cura intentando exorcizar al Sordo de Triana:

PADRE VERITAS.- ¡Santo de real orden para obrar un milagro! ¡Salte fuera, Satanás, que este paso es cosa seria! ¡Vamos a salvar un alma!

Por las cristalinas entrañas del silo, la voz, náufraga y ciega, se dilata con profundos círculos superados de influjo geomántico. (201-02)

La acotación refleja bien claramente el empleo de las artes mágicas. La continua alusión al "espejo de la charca" (201, 205, 207) o a "la charca azul" (187, 189, 201) que se encuentra a la entrada de la cueva enfatiza aún más este carácter.

En *La Corte de los milagros*, el sentido iniciático de la cueva queda mucho más patente. El marco es la boca de un silo, en Castril de las Cuevas:

Aquel rancho gitano tiene un resalte de ochavo moruno: Luces cobrizas, magias y sortilegios, ciencia caldea de grimorios y pentáculos. -En Castril de las Cuevas la herradura, el cuerno, el espejillo rajado, los azabaches y corales de las gigas, el santico bendico con ataduras y por los pies ajorcado, son los mejores influjos para torcer y mejorar los destinos del castigado Errate. El cuerno, hace mal de ojos a los bellerifes: El espejillo, enferma de muerte a los jueces: El santico ligado y ajorcado, abre las cárceles: La herradura, prospera sobre los caminos y saca adelante en los pasos apurados: Las gigas mejoran la estrella del nacimiento." (175-76)

La cueva es aquí claramente descrita como un espacio en que se desarrollan las artes mágicas, la "ciencia caldea de grimorios y pentáculos". Los caldeos son los principales creadores de la magia, como afirma Billingbrook: "Los talismanes fueron inventados por los caldeos y egipcios, quienes se servían de ellos para precaverse de enfermedades y desgracias, y juegan un papel muy importante en el ocultismo por sus propiedades maravillosas" (49). El pasaje de este esperpento ilustra cómo en la cueva se reúnen elementos que poseen poderes mágicos: la herradura, el cuerno, el espejo y la imagen del santo. Estos vienen a ser los talismanes empleados por ellos para ejercer la magia.

La referencia cabalística queda más patente y cobra mayor realce bajo la luz de esta cita de *La lámpara maravillosa*: "El idioma de un pueblo es la lámpara de su karma. Toda palabra encierra un oculto poder cabalístico: Es grimorio y pentáculo" (41).

Valle-Inclán estuvo muy interesado en el karma, que es un término teosófico aludido por él en varias obras. La maestra reconocida era Madame Blavatsky, de quien Latino se muestra discípulo en *Luces de bohemia*: "DON LATINO.- ... Madama Blavatsky ha sido una mujer extraordinaria, y no debes profanar con burlas el culto de su memoria. Pudieras verte castigado por alguna camarrupa de su karma. ¡Y no sería el primer caso!" (107-08). La misma Madame Blavatsky explica el significado del karma empleando una cita de E.D. Walker:

> ... la doctrina de Karma explica que nosotros mismos nos hemos hecho lo que somos por actos anteriores, y que formamos nuestra eternidad futura con las acciones presentes. No existe otro destino fuera del que nosotros mismos determinamos. (114)

Esto cuadra perfectamente con la obsesión de Valle-Inclán: la eternidad. Recordemos su afirmación de que las palabras reflejan el pasado de un pueblo y conforman su porvenir: esto era, así, un concepto kármico.

Billingbrook explica el significado del grimorio:

> Así como el Enchiridión es el breviario del teúrgico [Magia blanca], el del goético [magia negra] es el *Grimorio* o los grimorios, porque son varios los códigos de las fórmulas satánicas: el libro IV de la *Filosofía oculta*, de Cornelio Agripa; *El grande y el Pequeño Alberto*, *Las clavículas de Salomón*, *El libro de San Cipriano* y el *Grimorio del Papa Honorio*, por no citar más que los principales. (37)

Los grimorios son, pues, los libros o códigos en que se basa la magia negra, donde se encuentran las fórmulas secretas para ejercerla. La cita valle-inclanesca pretende aclarar que el autor utiliza todas sus palabras con un sentido oculto, cabalístico, y que tienen, así, muchos significados simultáneos: son "pentáculos", tienen cinco sentidos (o más). Por supuesto, es un modo de enfatizar el simbolismo que pretende impregnar a su vocabulario. De allí que, en *La lámpara maravillosa*, nos recomiende que "Busquemos la alusión misteriosa y sutil, que nos estremece como un soplo y nos deja entrever, más allá del pensamiento humano, un oculto sentido. En cada día, en cada hora, en el más ligero momento, se perpetúa una alusión eterna" (29). El autor, como Joyce, pretendió ofrecer a los críticos un gran caudal de alusiones ocultas en sus obras para mantenerlos ocupados en su descifre.

2.4. La luna.

La luna, aunque no es un marco de por sí, ocupa un espacio muy importante en el simbolismo valle-inclanesco. La luna suele acompañar al jardín, a las fuentes y a ambientes de misterio o violencia. La presencia simultánea de la luna y el agua (en forma de fuentes, lagos, etc.) es muy recurrente en la obra de Valle-Inclán, y tiene el objeto de proporcionar brillo en el agua:

-Brilla la luna en las losas mojadas de la acera. (*Martes de Carnaval* 11)

-Luna y luceros, bajo los palios de la vid, conciertan penumbras moradas y verdosas. A la vera alba del pozo, fragante entre arriates de albahaca, está puesta una mesa con manteles. (34)

Otras veces es una estrella la que se refleja en el agua: "La estrella de una alberca entre azulejos" (138). Vemos así que el cielo en su totalidad (luna, estrellas) se refleja en las aguas terrenas, estableciendo una estrecho contacto. La relación entre la luna y las aguas está explicada así por Mircea Eliade (1981):

Tanto por estar sujetas a ritmos (lluvia, mareas) como por ser germinativas, las aguas están regidas por la luna. Apamnapat, "hijo del agua", fue primero el nombre de un espíritu de la vegetación, pero más tarde se aplicó también a la luna y al néctar lunar, el *soma*. Ardvisûra Anâhitâ, la diosa irania de las aguas, era también

una diosa lunar. Sin, el dios babilonio de la luna, controlaba
también las aguas... Todas las divinidades lunares conservan de
manera más o menos clara atributos o funciones acuáticas. (174-75)

La luna rige la lluvia y las mareas, y Valle-Inclán reflejó este dominio
en sus imágenes. La función acuática de la luna es así representada por
su reflejo en las fuentes, ríos y lagos.

La luna adquiere, en muchas ocasiones, características humanas,
como se aprecia en las citas siguientes:

-Calla la luna los follajes. (*Farsa y licencia de la Reina Castiza* 12)

-Infla la luna los carrillos
y su carota de pepona
bermeja de risa, detona
en la cima de los negrillos (*Farsa* 54).

-La luna infla los carrillos en la ventana (*Martes de Carnaval* 103).

-Luna y luceros, bajo los palios de la vid, conciertan penumbras
moradas y verdosas (*Las galas del difunto* 34)

El aspecto grotesco de la luna forma parte de la parodia esperpéntica
que Valle-Inclán lleva a cabo con la luna. Nótese la sátira del
modernismo que el autor lleva a cabo en estas citas: los modernistas se
deleitaban en describir la luna y sus atributos románticos; el autor la
deforma grotescamente.

Algunas veces, la luna propicia contactos brujeriles con el otro
mundo: "La Galana.- No hables de cadenas. Vamos a cenar todos
juntos una empanada, bajo la luna, al arrimo de un roble, como las
brujas" (127). La constante presencia de la luna suele premonizar un
acontecimiento satánico o de malas artes. En *Ligazón*, por ejemplo, la
luna es citada once veces durante las veinticuatro páginas de que está
compuesto el auto. Tras la décima cita, se observa cómo el afilador y
la mozuela hacen un pacto de sangre (la "ligazón") y ésta se declara
bruja:

LA MOZUELA.- Descúbrete el hombro. ¡Me cumple beberte la
sangre!
EL AFILADOR.- ¿Profesas de bruja?
LA MOZUELA.- ¡De bruja con Paulina!

EL AFILADOR.- ¡Pues no me arredro!
LA MOZUELA.- Pues entra a deshacerme la cama. (36)

El final trágico no se hace esperar y el brillo de la luna reflejado en las tijeras premoniza el crimen:

> Cruza LA MOZUELA por el claro del ventano. Levanta el brazo.
> Quiebra el rayo de luna con el brillo de las tijeras. Tumulto de
> sombras. Un grito y el golpe de un cuerpo en tierra. Tenso
> silencio. Por el hueco del ventano, cuatro brazos descuelgan el
> pelele de un hombre con las tijeras clavadas en el pecho. Ladran
> los perros de la aldea. (36-37)

El ladrido final de los perros anuncia la consumación del asesinato y nos confirma que el episodio es un ejemplo de licantropía, lo que formaba parte del folklore gallego y sus creencias. El ladrido de los perros puede tener connotaciones diabólicas, como se desprende de muchas historias valle-inclanescas, especialmente en la época gallega. Sin embargo, esto llega hasta la última época, pues se lee en *La Corte de los milagros*: "Pasaba por el silencio del jardín el rumor de un cortejo lejano, con campanilla y salmodia. Aullaban nigrománticos los perros" (166). Los perros adquieren, según esta cita, poderes de la magia negra ("nigromancia"). De allí la obsesionante presencia de la luna, pues los afectados por la licantropía (como la mozuela, que quiere beber la sangre del afilador) sólo pueden salir de noche a la luz de la luna.

3. Los marcos de pasaje.

Los marcos de pasaje son aquellos cuya función es permitir a los personajes trasladarse de un lugar a otro. Una vez estudiados los marcos de pasaje existentes en los esperpentos, fueron agrupados en marcos inmóviles (la calle, la carretera, el camino, el puente, la escalera) y móviles (el tren y el barco). Los marcos inmóviles suelen conformar rutas de peregrinación, tanto en contextos rurales como urbanos. La escalera, entre ellos, ejerce de mediadora simbólica entre el mundo terreno y el celestial. Los marcos móviles son, evidentemente, más modernos, y su función es la de medios de transporte. Veamos su significado a continuación.

3.1. El camino, la carretera y la calle: el peregrinaje.

El camino y la carretera son las vías de comunicación más empleadas por los peregrinos para ir de un lado a otro. Y el peregrinaje es un tópico clásico que Valle-Inclán reintegra a sus obras con gran frecuencia. No en balde su obra está llena de peregrinos.

Divinas palabras presenta a dos peregrinos: el ciego de Gondar y un peregrino sin nombre. *Luces de bohemia* introduce el peregrinaje de Max Estrella y Latino por Madrid, así como a un personaje llamado Gay Peregrino recién llegado de Inglaterra. *Los cuernos de Don Friolera* presenta a varios peregrinos: Don Estrafalario, Manolito el Pintor, un bululú y un ciego romancista. *Ligazón* incluye a un afilador que rueda por los caminos afilando cuchillos. En *El embrujado* aparecen dos peregrinos: el ciego de Gondar y el ciego de Flavia. En *Tirano Banderas* aparecen varios caminos, pero la novela carece de peregrinos, así como *El Ruedo ibérico*.

El peregrino representa el tiempo detenido o eterno, pues siempre están de camino, en transición, sin importarles el día ni la hora: el tiempo y el espacio pierden su importancia. Valle-Inclán, como se ha visto, los retrató en muchas ocasiones, especialmente en sus primeras obras, en que el contexto era el campo gallego. *Flor de santidad*, subtitulada "Historia milenaria", se abre con la descripción de un peregrino:

> Caminaba rostro a la venta uno de esos peregrinos que van en romería a todos los santuarios y recorren los caminos salmodiando una historia sombría, forjada con reminiscencias de otras cien, y a propósito para conmover el alma de los montañeses, milagreros y trágicos. Aquel mendicante desgreñado y bizantino, con su esclavina adornada de conchas, y el bordón de los caminantes en la diestra, *parecía resucitar la devoción penitente del tiempo antiguo,* cuando toda la Cristiandad creyó ver en la celeste altura el Camino de Santiago. (13) [énfasis nuestro]

El peregrino, como vemos, refleja la antigüedad milenaria y su devoción religiosa. El recuerdo, la memoria, forma parte de la personalidad del peregrino, que acostumbra a entretener a sus oyentes con historias antiguas. El Camino de Santiago es el peregrinaje arquetípico que todavía hoy es representado en algunas romerías a santuarios. El peregrino aporta, así, la sensación de eternidad o de tiempo detenido que Valle-Inclán estaba tan empeñado en reflejar y aprehender:

> ésta es la ilusión fundamental del éxtasis, momento único en que las horas no fluyen, y el antes y el después se juntan como las manos para rezar. Beatitud y quietud, donde el goce y el dolor se hermanan, porque todas las cosas al definir su belleza se despojan de la idea del Tiempo. (20)

La belleza del peregrinaje se halla, entre otros motivos, en su intemporalidad, que era a lo que el autor aspiraba.

El camino, para Valle-Inclán, es un marco que está cargado de una honda emoción estética y de misterio. La Clave I de *Aromas de leyenda* así lo refleja:

> ¡Oh, los hondos caminos
> con cruces y consejas,
> por donde atardecido
> van trenqueando las viejas,
> cargadas con la leña
> robada en los pinares,
> la leña que de noche
> ha de ahumar en los llares,
> mientras cuenta una voz
> los cuentos seculares,
> y a lo lejos los perros
> ladran en los pajares! (*Claves líricas* 11).

Estos versos corroboran el gusto del autor por lo milenario (secular) y misterioso, por las escenas que se repiten a lo largo de los siglos, por la belleza de la escena que se repite a lo largo de la historia.

El segundo libro de *Claves líricas* se llama, significativamente, *El pasajero*, señalando la importancia de los peregrinos y, como indicamos anteriormente, está compuesto de 33 poemas, siguiendo la estructura de la *Divina Comedia* de Dante. La clave IV de este libro está, significativamente, llamada "Rosa del caminante", pero toda esta obra rebosa de caminos y peregrinos ("Rosaleda", "Rosa de mi romería" y "Rosa gnóstica", por ejemplo).

El camino cobra así un aire legendario en la obra valle-inclanesca, como queda reflejado en el último poema de *Aromas de leyenda*, la clave XIV, titulada "En el camino":

Madre, Santa María,
¿en dónde canta el ave
de la esperanza mía...

Y vi que un peregrino,
bello como Santiago,
iba por mi camino.

Me detuve en la senda,
y respiré el ingenuo
aire de la leyenda.

Y dije mi plegaria,
y mi alma tembló toda
oscura y milenaria.

Seguí adelante... Luego
se hizo luz en la senda,
y volví a quedar ciego.

¡Ciego de luz de aurora
que en su rueca de plata
hila Nuestra Señora!

¡Orballinó fresco,
nas pallas d'o día!
¡Orballiño, gracia
d'a virge María! (38-39)

Este poema deja bien claro el valor emotivo, estético y sagrado del camino. El caminante se cruza con un peregrino y, al contemplar su belleza, se detiene a respirar el "aire de la leyenda". El peregrino es una figura legendaria que rememora el pasado milenario e ilumina nuestras almas. El caminante, que era ciego, recupera su vista al encontrarse con el peregrino, pero la desaparición de éste le devuelve su ceguera. El milagro es finalmente atribuido a la virgen María. El carácter sagrado del camino queda aquí patente. El camino, además, sirve aquí de intermediario entre el reino celestial y el terreno.

Los caminos y carreteras invaden las obras valle-inclanescas desde el principio, presentándonos a un sinfín de peregrinos. Sólo en *Divinas palabras*, se hallan cinco caminos y una carretera, lo que demuestra su importancia. La obra empieza, precisamente, situando la acción en una encrucijada: "San Clemente, anejo de Viana del Prior. Iglesia de aldea sobre la cruz de dos caminos, en medio de una quintana con sepulturas y cipreses" (13). El cruce de caminos tiene un simbolismo muy apropiado para la escena:

> is a significant place of meeting with trascendent powers (gods, spirits, the dead)... To win the favor of the gods or the spirits, obelisks, altars, or stones were erected, or inscriptions were placed at crossroads. Practically everywhere in Europe crossroads were also regarded as the meeting places of witches and evil demons. For this reason, Christians have erected at crossroads crosses, chapels, and statues of the Madonna and the saints. (*Herder Dictionary of Symbols* 51)

Esta definición explica el objeto de situar iglesias o santuarios en encrucijadas: proteger a los aldeanos de los espíritus malignos, que acostumbraban a reunirse allí. El cruce de caminos simboliza así el espacio en que se desarrolla la lucha entre los espíritus del Bien y del Mal.

El inicio de *Divinas palabras* indica así, de entrada, que se van a encontrar en la obra brujas o demonios, como sucede en realidad: hay varios personajes en la obra que mantienen pacto con el Diablo y practican las malas artes (Lucero, Marica, Séptimo Miau, el Trasgo cabrío y otros). Pedro Gailo, el sacristán, se ve obligado a luchar contra esas fuerzas.

Las obras situadas en Galicia presentan especialmente muchos caminos y carreteras, como es el caso de *Divinas palabras*. Pero no parece necesario extenderse con ellos, pues siguen el modelo de esta obra primeriza. El camino enlaza, como hemos señalado, con el peregrinaje, tema fundamental en la obra de Valle-Inclán. El simbolismo del peregrino es bien simple: "In the imagery of many religions, the pilgrim signifies earthly human life, which is not final but merely a transition to another life" (*Herder Dictionary of Symbols* (150). La vida resulta así un peregrinaje hacia otra vida, una transición a otro estado. El peregrinaje viene a ser así un medio de conocimiento, como lo eran los peregrinajes clásicos al infierno: Odiseo, en *La Odisea*, desciende al Hades para preguntar a Tiresias como llegar a Itaca, su tierra; Eneas necesita consultar a la Sibila para saber cómo bajar al infierno a visitar a su padre muerto, Anquises, para que éste le aconseje

sobre sus futuras acciones. En el *Infierno* dantesco, Virgilio presenta
a Dante a los héroes clásicos de la historia y a otros personajes muertos
de Italia, por lo que el peregrinaje es una fuente inagotable de conocimiento. Los peregrinajes valle-inclanescos también pretenden ser lo
mismo: una búsqueda y una fuente de conocimiento.

Es interesante que la mayoría de los peregrinos de la obra de
Valle-Inclán sean ciegos. Ello es el resultado de una voluntad
consciente, pues el ciego, según Enrique Barco Teruel,

> simboliza la entidad capaz de alcanzar el sentido de eternidad de las
> cosas... los ojos ciegos simbolizan la suprema visión que aprisiona
> en un círculo todo cuanto mira... A Valle-Inclán los ciegos en su
> mirada le recuerdan siempre a los dioses gentilicios. (51-52)

Va a ser precisamente un ciego, el compadre Fidel, el que redima la
tragedia española, como afirma don Estrafalario en el prólogo a *Los
cuernos de Don Friolera* (75). La ceguera, además, permite al ciego
librarse de los límites del espacio y del tiempo, como afirma Valle-
Inclán en *La lámpara maravillosa*: "¡Felices los ojos que ciegan después
de haber visto, porque purifican su conocimiento de geometría y de
cronología!" (118). ¿Y quién mejor que el peregrino se halla fuera del
espacio y el tiempo? El peregrino que se halla en el camino no se halla
en localidad alguna, sino, simplemente, entre dos de ellas. Y, en cuanto
al tiempo, se alarga hasta la intemporalidad. El peregrinaje y la ceguera
van entonces juntos por simbolizar lo mismo.

La calle no es más que la contraposición urbana del camino rural.
Mientras que el camino suele ser tranquilo y solitario, la calle suele ser
ruidosa y estar llena de gente. Pero el simbolismo viene a ser el
mismo, aunque ha sido deformado por la lente esperpéntica de Valle-
Inclán. La calle se convierte en una deformación grotesca del camino.
Max Estrella, en su recorrido callejero por Madrid, no hace más que
parodiar el peregrinaje clásico al infierno.

3.2. La escalera.

La escalera es otro símbolo presente en las obras de Valle-Inclán,
si bien no tan recurrente como el camino. El *Herder Dictionary of
Symbols* explica así el simbolismo de la escalera:

Stairway. A symbol of emotional and spiritual development and of incremental gains in wisdom and knowledge, it has essentially the same symbolic meaning as the LADDER. However, in contrast to the ladder, which was generally understood to lead from he bottom up (and thus in the direction of the sky or of heaven), the stairs sometimes also descend under the earth and into dark realms. Thus they can symbolize either descent into the realm of the dead or the approach to occult knowledge or to the unconscious. (182-83)

La escalera de mano es empleada sólo para subir a un lugar que no puede ser alcanzado sin ella, mientras que las escaleras son utilizadas tanto para subir a pisos como para descender. Además, la ascensión se hace con éstas más progresivamente que con la escalera de mano.

La escalera aparece en los esperpentos en distintas formas y contextos: en forma de escalinata (*Farsa y licencia de la Reina Castiza* 19), a la entrada de un palacio o templo, o de una casa (*La hija* 185); o, más comúnmente, dentro de una casa, uniendo pisos o cuartos (*Divinas palabras* 94, *Luces de bohemia* 7, 139, y muchas en *El Ruedo ibérico*, en los palacios de la nobleza).

Es muy significativo que Max Estrella viva en un sotabanco y que muera en su casa, pues eso convierte su casa en un marco de muerte y de conocimiento oculto. Max, como Latino, Don Filiberto y Basilio, afirma tener conocimientos de cábala, teosofía o magia, ramas del ocultismo, por lo que su hogar se convierte en una fuente de conocimiento. Las escaleras de la casa de Max separan la calle del sotabanco, el mundo exterior del interior, por lo que son así un marco de pasaje, como una frontera entre ellos.

Obviamente, un palacio es un edificio donde se hallan muchas escaleras, dadas sus dimensiones y su lujo. El Palacio de Torre-Mellada, presente en *El Ruedo ibérico*, es un buen ejemplo de ello. En él hay una "gran escalera" (*La Corte de los milagros* 213, *Viva mi dueño* 160), probablemente decorada con todo tipo de lujos, como corresponde a un marqués, a la que se alude en varias ocasiones. La escalera refleja y simboliza, en este caso, la posición social, política y económica del Marqués de Torre-Mellada.

3.3. El puente.

El puente, que sirve de unión entre dos espacios separados por un
obstáculo, aparece mencionado en tres obras: *Ligazón*, *Luces de
bohemia* y *La Corte de los milagros*. Su función es distinta en cada
una de ellas.

En *Ligazón*, el puente une los pensamientos de dos personajes: el
afilador y la Raposa. Al volver el afilador a casa de la Raposa, después
de su recorrido, ambos entablan el siguiente diálogo: "La Raposa.- En
la primera de las puentes estuviste recordándome. El afilador.- ¡Cierto!
Allí estuve recordándote, apoyado en el pretil..." (30). La asociación de
ambos por medio del puente corresponde al simbolismo de este marco:
"As a uniting link between spatially separated things, it is a common
symbol of joining and mediation." (*Herder Dictionary of Symbols* 28).
El puente ha mediado entre el afilador y la Raposa. Pero el diálogo
continúa, mostrando los poderes telepáticos y brujeriles de la Raposa:

> LA MOZUELA.- Y te digo más: Un susto pasaste.
> EL AFILADOR.- ¡Cierto!
> LA MOZUELA.- Te salió un can y en el hombro te clavó los
> colmillos. Mírate en el hombro la ropa rasgada. (30)

Como se aprecia, la Raposa adivina que le salió un perro al afilador en
el puente y que le mordió en el hombro. El puente se convirtió en un
lugar peligroso para el afilador, lo que corresponde al simbolismo que
le otorga Mircea Eliade (1959):

> ... it is especially the images of the *bridge* and the *narrow gate*
> which suggest the idea of a dangerous passage and which, for this
> reason, frequently occur in initiatory and funerary rituals and
> mythologies. (181)

En *Luces de bohemia*, Max Estrella, al borde de la desesperación,
propone a Latino suicidarse saltando del Viaducto: "Latino, vil corredor
de aventuras insulsas, llévame al Viaducto. Te invito a regenerarte con
un vuelo. DON LATINO.- ¡Max, no te pongas estupendo!" (129). El
Viaducto era el puente que avistaba al Manzanares y que era frecuente-
mente utilizado para suicidarse durante esa época, siguiendo la moda
romántica. El puente, en este caso, es el vínculo entre la vida terrena
y la otra vida, como afirma J.E. Cirlot: "... the bridge is always

symbolic of a transition from one state to another -of change or the desire for change" (33). La propuesta de suicidio de Max cobra así un aspecto paródico de la costumbre romántica. El puente es el marco que proporciona la posibilidad de cambiar de condición, de pasar de la vida terrena al mundo de los muertos.

Este sentido de cambio de estado también se aprecia en *La Corte de los milagros*. En el libro quinto, titulado "La soguilla de Caronte", la familia del Marqués de Torre-Mellada se halla conversando con gente del pueblo sobre el modo de hacer cruzar el río a la muerta, pues el puente ha quedado destruido. La solución es arrastrarla con una cuerda:

> La molinera chuscó el ojo:
> -El caballero bien me comprende. La soguilla con que se pasan los muertos por el río. Antañazo todos iban con ese aditamento. Despúes hubo **puente**. Ahora no lo hay. (132) [énfasis añadido]

El puente era antes el modo de atravesar el río para ir al cementerio, pero, tras su derrumbamiento, tienen que emplear la "soguilla" otra vez.

3.4. Los medios de transporte: el tren y el barco.

De entre las obras estudiadas, el tren aparece en *La Corte de los milagros* y *¡Viva mi dueño!*, mientras que el barco es empleado en *La hija del Capitán* y *Baza de espadas*. El simbolismo del barco, y de los medios de transporte en geenral, es, obviamente, el del viaje, pero, tomado en un sentido más amplio y metafórico, el de "la vida como viaje" (*Herder Dictionary of Symbols* 172). Este simbolismo es pues similar al del camino de peregrinaje.

En *La Corte de los milagros* y *¡Viva mi dueño*, el tren transporta al Marqués de Torre-Mellada y a su familia de Madrid a Córdoba, donde tiene su finca, El Coto de los Carvajales. La partida de Madrid es descrita del siguiente modo: "Los Marqueses se van en el tren nocturno de Andalucía a los Carvajales. Salen de la Estación de Atocha a las 7 de la tarde un día de marzo" (79). La información es bien precisa y realista. Incluso se añade más tarde la localización de una parada: "-¡Argamasilla de la Orden! ¡Diez minutos de parada!" (87). El tren, por otra parte, aparece también antropomorfizado y esperpentizado: "Jadeaba el tren" (85).

Los Marqueses realizan un viaje de ida y vuelta a Córdoba en cada obra. En *¡Viva mi dueño!*, sin embargo, el viaje en tren no aparece descrito como en el esperpento anterior. Sólo hay una vista breve desde el andén:

> Una compañía, con bandera y música, se alineaba en el andén al paso del expreso de Sevilla. Marcha de Infantes. Saludo de las Autoridades. Diez minutos de ceremonias. Sus Altezas juegan papeles reales: Van a la Corte para asistir a las bodas de su sobrina la Serenisima Infanta. (202)

La partida de la familia Real es tratada aquí con gran bombosidad y ceremoniosidad, siendo celebrada con la banda municipal de música, despedida de las autoridades y otros rituales.

En *La hija del capitán*, la Sini y el Golfante escapan de Madrid en tren después de que éste ha asesinado a Don Joselito en una partida de cartas. La escena última los presenta en una sala de tercera de la estación de ferrocarril, esperando la llegada del tren, que lleva ya dos horas de retraso. El tren recibe una descripción grotesca, sumamente esperpéntica:

> El humo de una locomotora que maniobra en agujas infla todas las figuras alineadas al canto del andén, llena de aire los bélicos metales de figles y trombones, estremece platillos y bombos, despepita cornetines y clarinetes. Llega el tren Real. (229)

El humo de la locomotora desfigura grotescamente a las personas que despiden a la familia real, mientras que el ruido de sus motores distorsiona la música de la banda: toda la ceremonia ha quedado esperpentizada. El tren real se retrasa aún en salir, a causa del ritual de despedida que le dedica el "Club Fémina", incluyendo un discurso emitido por Doña Simplicia. Finalmente, el tren parte y termina el esperpento.

El barco de *Baza de espadas*, en el que embarcan los hermanos Tiberio Graco y Claudio Nerón para ir de Gibraltar a Londres, es "un viejo vapor perteneciente a la casa armadora Lewinson y Calvo -el *Omega*, abanderado en Cádiz-" (55). La travesía es larga, y su descripción abarca más de cien páginas del tercer capítulo, titulado "Alta mar". El barco, como se dijo anteriormente, lleva un pasaje tan diverso que podría decirse que es una síntesis de la población universal:

> Se aburrían al filo de la obra muerta, rubicundas carátulas con salacof y monóculo, barbas judaicas, desgarbadas misses, cabezas

morenas de levantinos, un mundo abigarrado de aventureros y
turistas burgueses, embarcado en los puertos del Mediterráneo
-Alejandría, Malta, Nápoles-. (56)

En pocas líneas, y de un modo típicamente esperpéntico, el autor ha
informado de la diversidad étnica del pasaje: rusos, judíos, ingleses,
levantinos y aventureros del Mediterráneo. El barco resulta así un
microcosmos del mundo, de la vida, como su simbolismo indica. Y los
temporales que padecen simbolizan las dificultades y crisis de la vida.

4. Los marcos religiosos.

Los marcos religiosos tienen gran importancia para Valle-Inclán
e impregnan toda su obra. Estos se reducen a tres: la iglesia, el
convento y el cementerio. La iglesia y el convento vienen a cumplir la
función mediadora entre el mundo divino y el terreno, con excepción de
Tirano Banderas, donde el convento no está en uso y es empleado
como fortificación para el tirano. El cementerio aisla a los muertos de
los vivos, si bien, en *Luces de bohemia* y *Las galas del difunto*, la
protección espacial es transgredida, cobrando especiales dimensiones
grotescas.

4.1. La iglesia.

Es, sin duda, *Divinas palabras* la obra en que la iglesia ocupa el
papel más importante. Esta "tragicomedia de aldea" empieza y termina
en la iglesia de San Clemente, en donde Pedro Gailo es sacristán. La
iglesia, se dice en la acotación inicial, tiene un "pórtico románico" (13)
y, en la jornada tercera, se nos confirma que es una iglesia románica
(118). La acción y los personajes bien parecen pertenecer a la Edad
Media, dado su carácter primitivo. La superstición y la práctica de las
malas artes proporcionan una apariencia sumamente medieval a la obra.
El lenguaje también es medieval en muchas ocasiones.

El inicio de *Divinas palabras* revela la situación de la iglesia: "San
Clemente, anejo de Viana del Prior. Iglesia de aldea sobre la cruz de
dos caminos, en medio de una quintana con sepulturas y cipreses" (13).
La iglesia fue emplazada sobre una encrucijada, dado el carácter diabólico de ésta, como señalamos anteriormente, para purificar a la aldea
del satanismo existente. Posee, adjunto, un cementerio. Con el objeto

de purificar las almas de los muertos allí enterrados, varias mujeres riegan las tumbas con agua bendita:

> Una vieja con mantilla de paño pardo sale al pórtico, después otra, más tarde otra. Salen deshiladas, portan agua bendita en el cuenco de las manos y la van regando sobre las sepulturas. La última tira de un dornajo con cuatro ruedas, camastro en donde bailotea adormecido un enano hidrocéfalo. (16)

La grotesca presencia del enano hidrocéfalo anticipa la posterior presencia de elementos extraños y diabólicos. Y, efectivamente, un poco más adelante, un perro, el del farandul, se pone a dos patas dos veces, por lo que recibe los siguientes comentarios:

> LUCERO.- Este animal tiene pacto con el compadre Satanás.
> PEDRO GAILO.- Hasta que tope quien le diga los exorcismos y reviente en un trueno.
> LUCERO.- Reventaremos los dos. (17)

El perro está poseído por el Diablo, por lo que Pedro Gailo, el sacristán, sugiere la necesidad de exorcizarlo para expulsarle los demonios de dentro. Lucero declara entonces que también tiene pacto con el Diablo, al afirmar que el perro y él reventarían juntos en caso de exorcismo. El autor trata el tema de la posesión, como de costumbre, con humor satírico.

El pórtico de la iglesia es empleado como lugar de reunión social después de la misa. Allí conversan los feligreses y la gente del pueblo en general. Hacia el final de la obra cobra especial atención por los acontecimientos. La confrontación entre el sacristán Pedro Gailo y Séptimo Miau refleja el conflicto entre Dios y el Diablo:

> SIMONIÑA.- ¡Ave María! Tanto ver es de brujos.
> PEDRO GAILO.- El Demonio se rebeló por querer ver demasiado.
> SÉPTIMO MIAU.- El Demonio se rebeló por querer saber.
> PEDRO GAILO.- Ver y saber son frutos de la misma rama. El Demonio quiso tener un ojo en cada sin fin, ver el pasado y el no logrado. (123-4)

El autor está afirmando, en boca de Pedro Gailo, que el Diablo representa la sabiduría, así como los dotes proféticos de poder saber del pasado y el porvenir. Esto corrobora nuestra tesis de que todo el simbolismo infernal presente en la obra de Valle-Inclán se deriva de su deseo de representar su ansia de conocimiento de un modo literario, dada la ecuación aquí presentada entre El Diablo y el conocimiento.

Pedro Gailo se hallará en el pórtico, cuando, al final de la obra, un grupo de aldeanos le traiga a su esposa desnuda sobre un carro para escarniarla por adúltera:

> UNA VOZ EN LOS MAIZALES.- ¡Pedro Gailo, la mujer te traen desnuda sobre un carro, puesta a la vergüenza!
> PEDRO GAILO cae de rodillas, y con la frente golpea las sepulturas del pórtico. Sobre su cabeza, las campanas bailan locas, llegan al atrio los ritmos de la agreste faunalia, y la frente del sacristán en las losas levanta un eco de tumba. (133)

Pedro Gailo sube al campanario y se lanza al vacío, pero, milagrosamente, sale ileso. Para impedir que atormenten a su esposa, cita los versículos famosos de Jesús ante la adúltera ya aludidos anteriormente y, a continuación, la conduce dentro de la iglesia:

> Conducida de la mano del marido, la mujer adúltera se acoge al asilo de la iglesia, circundada del áureo y religioso prestigio, que en aquel mundo milagrero, de almas rudas, intuye el latín ignoto de las
> DIVINAS PALABRAS (137)

La iglesia refleja aquí su función de "asilo" y protección del mundo exterior, función que también posee la casa. La iglesia se ha convertido para Mari-Gaila en una casa en que prevalece la gracia de Dios, ya que la Mari-Gaila posesa por el pecado es admitida a ella. Eliade (1959) explica este simbolismo afirmando que "the interior of the church is the universe. The altar is paradise, which lay in the East. The imperial door to the altar was also called the Door of Paradise" (61). La iglesia representa así el Paraíso o mundo celestial, en oposición al mundo terrenal. La escena duodécima de *Luces de bohemia* tiene por fondo una iglesia barroca. En su agonía, Max escucha, de repente, que "el reloj de la iglesia da cinco campanadas bajo el gallo de la veleta" (134). Es justamente a continuación cuando Max Estrella sufre la alucinación de que está asistiendo al entierro de Víctor Hugo, si bien luego cree que es su propio entierro. El sonido de las campanas ha provocado esta visión, así como representa la inminente muerte de Max. El simbolismo universal de la campana apoya esta interpretación:

> A symbol of the connection between heaven and earth, the bell calls
> people to prayer and calls to mind obedience to divine laws... In
> Islam as in Christianity, the sound of bells is considered to be an
> echo of divine omnipotence (the voice of God), the hearing of
> which carries the soul beyond the limits of the mundane. (*Herder
> Dictionary of Symbols* 22)

Efectivamente, el sonido de las campanas ha llevado a Max Estrella a
trascender el mundo de los sentidos, proporcionándole una alucinación
sobrenatural. La campana, sin embargo, en vez de haber conducido a
Max a la iglesia, como hace con los feligreses, ha llevado a Max a
pensar en su propia muerte, lo que resulta una parodia grotesca de su
función original.

En *¡Viva mi dueño!*, las campanas y la iglesia anuncian la
catástrofe de un incendio:

> Tumulto de campanas. ¡Están ardiendo las eras! Se hace todo
> relampagueo el recuerdo. Abierta la *iglesia*. Un clérigo deja su
> confesionario. ¡Aquí! El náufrago escupe la sal que le llena la
> boca y cobra conciencia de la pértiga que le sostiene entre mar y
> cielo. (12)

Las campanas cumplen aquí la función de convocar al pueblo para
colaborar en la extinción del incendio.

La iglesia también es a veces empleada para funciones sociales,
como sucede en el libro quinto de *¡Viva mi dueño!*. En esta sección,
el Marqués de Torre-Mellada asiste a la Ceremonia de los Verdes que
tiene lugar en la Iglesia de Santiago:

> Con pólvora y murga, la comitiva penetra en la Iglesia de Santiago.
> El Marqués de Torre-Mellada ocupa un sillón puesto en el
> presbiterio, y dormita discretamente durante el oficio con armonium
> y solfa. En la sacristía, adonde luego pasó con el clero, los
> dirigentes de las bandas y el cabildo de concejales, hubo de pedir
> que abriesen la puerta para que entrase el aire... (110)

Como se observa, los dirigentes más importantes del pueblo presiden la
ceremonia. El Vicario de los Verdes ruega, en esta ceremonia, al
Marqués que indulte a los vecinos criminales condenados a la pena de
muerte, a lo que él accede. La iglesia ha cumplido así su papel social.

4.2. El convento.

El convento en Valle-Inclán viene a ser una combinación de casa e iglesia, pues suele contener dormitorios y habitaciones pertenecientes a una casa, donde viven las monjas, además de una iglesia o altar donde rezar, cantar y oír misa. Los conventos, especialmente los de clausura, son microcosmos independientes del mundo exterior, y representan el vínculo entre el cielo y la tierra, dado que las monjas dedican su vida diaria a adorar a Dios. Es un ambiente místico en que todo milagro es posible.

La Corte de los milagros presenta la aparición sobrenatural de la Madre Patrocinio en la cámara de la Reina Isabel. Este suceso despierta en ella el deseo de ir al convento de las Madres de Jesús a buscar a Patrocinio. Las monjas hacen entonces grandes preparativos para su llegada: "Habían puesto en los altares rizadas velas, primorosos paños, extraordinarios floripondios de talcos y papel. Una nube de incienso flotaba en el locutorio sigiloso, lleno de tácitas pisadas, susurros y sombras..." (271). La Reina entra por el locutorio, y la Priora y otras monjas la reciben con gran afán, quedando muy conmovida por su amor y devoción:

> Sentía el amor de aquellas vidas consagradas al rezo y al ayuno, místicas desposadas del Divino Crucificado: El piadoso sobresalto de las monjas penetraba como un bálsamo el ánimo amoroso de la Reina: Lloraba y sonreía agradeciendo aquellos cuidados de la Comunidad. (272)

El convento es así, también, un refugio de amor cristiano. La Reina, sin embargo, no encuentra allí a la Madre Patrocinio, pero ésta se le vuelve a aparecer en el Palacio, donde conversan brevemente y la monja le aconseja. Luego desaparece en el aire provocando el delirio de la Reina:

> Doña Isabel alargó una mano trémula que apenas podía sostener el cristal. Se desvanecía. La santa aparición ¿dónde estaba? ¿Por qué se iba alejando y parecía moverse en un fondo de esmalte? La veía en el cristal de la copa, distinta y miniada como una estampa piadosa: Desaparecía con un cabrilleo de la luz en el agua. (277)

De nuevo, los cristales representan un papel fundamental en los acontecimientos mágicos o sobrenaturales. En este caso, no se trata de magia, sino de una aparición milagrosa, por lo que deducimos que el cristal media entre el mundo terreno y el sobrenatural, venga de Dios o del Diablo. Otra vez, como en *Luces de bohemia*, el fondo de un vaso ejerce el papel de cristal, si bien éste, en vez de estar lleno de vino, lo está de agua, símbolo más apropiado para apariciones divinas, pues simboliza la vida.

¡Viva mi dueño! presenta una desaparición similar a la de la Madre Patrocinio en la que el tono irónico y esperpéntico se acentúa aún más:

> La Seráfica, sin ruido, toda velada, desaparece por una galería con los cuadros del Vía Crucis... Al final de la galería, los espejos de un estrado multiplican las luces. La Seráfica iba por el fondo con levitación de marioneta. (173)

La aparición sobrenatural de la monja cobra aquí carácter grotesco, al ser descrita como una marioneta, tal como Valle-Inclán, según su estética del esperpento, observa la realidad. Nótese como los espejos vuelven a estar de por medio, esta vez, múltiples y multiplicando las imágenes, como vimos en otras ocasiones. Lo sobrenatural, sin duda alguna, forma parte del sentido sagrado de las monjas y el convento, y es parodiado por el escritor gallego.

El convento también aparece en *Tirano Banderas*, si bien sin ninguna otra función que la de fortificación y refugio para el tirano y sus hombres, pues los frailes que habían habitado el convento habían sido expulsados por una revolución:

> Sobre una loma, entre granados y palmas, mirando al vasto mar y al sol poniente, encendía los azulejos de sus redondas cúpulas coloniales San Martín de los Mostenses. En el campanario sin campanas levantaba el brillo de su bayoneta un centinela. San Martín de los Mostenses, aquel desmantelado convento de donde una lejana revolución había expulsado a los frailes, era, por mudanzas del tiempo, Cuartel del Presidente Don Santos Banderas. -Tirano Banderas-." (15)

El campanario del convento servirá a Santos para vigilar los movimientos del mundo exterior. El tirano permanece en él la mayor parte del tiempo, "agaritado" en la ventana como un lechuzo. Le proporciona la visión "desde arriba" del mundo que le rodea, que corresponde a la visión demiúrgica que Valle emplea en la técnica del esperpento, por medio de la cual, como se explicó anteriormente, se observa "a los personajes de la trama como seres inferiores... con un punto de ironía. Los dioses se convierten en personajes de sainete" (*Valle-Inclán* 48). La ironía reside en que el mismo autor adopta esta perspectiva, por lo que el tirano, aun teniendo una visión desde arriba de la realidad, es visto desde arriba, grotescamente, por aquél, quedando reducido a un "lechuzo" en varias ocasiones. Al final de la novela, el tirano acaba acribillado en el campanario, desde donde caerá al vacío para ser luego mostrada su cabeza "sobre un cadalso con hopas amarillas, en la Plaza de Armas" (271).

El convento, entonces, cumple aquí la función de casa-fortificación, siendo el centro de operaciones del tirano. El y sus hombres convierten el convento en su microcosmos personal, que será distorsionado por la perspectiva deformadora del esperpento.

4.3. El cementerio.

El cementerio es un marco que cobra bastante importancia en la obra de Valle-Inclán, pues aparece en cuatro esperpentos: *Las galas del difunto*, *Los cuernos de Don Friolera* y *Luces de bohemia*. El carácter de este marco, aunque evidentemente sagrado, como afirma el personaje Franco Ricote en *Las galas del difunto* [5], es desacralizado por el expolio de Juanito Ventolera.

Valle-Inclán, en esta obra, se burla de las leyes divinas y hace que personajes suyos transgredan las leyes de la moral cristiana. *Las galas del difunto* ejemplifica esta transgresión. Juanito Ventolera, a quien una bruja llama "¡Alma de Satanás!" (26), y quien declara que "a mí me cae simpático el Diablo" (40), tiene el coraje de ir al cementerio de noche para robarle el terno a un difunto: el marido de la boticaria. En el camposanto se encuentra a dos sepultureros, a quienes pide ayuda para abrir el féretro. Estos no le creen, pero, por si acaso habla en serio, asombrados y asustados, se niegan a ello, pero le estimulan a su acto hereje apostándole una cena a que no lleva a cabo sus intenciones. Le instan a presentarse con el terno a medianoche en la casa de la Sotera, como en el *Juan Tenorio*. Juanito Ventolera expolia la tumba del difunto y, a continuación, se presenta vestido con el terno a reclamar su cena en la casa de la Sotera. El bizco Maluenda comenta: "Y te va a la medida. Sólo te falta un bombín para ser un pollo petenera. El patrón se lo habrá olvidado en la percha, y debes reclamárselo a la

---

[5] "En un camposanto la sepultura es tierra sagrada." (33)

viuda" (39). A partir de allí se entabla una apuesta: cuatro cafés y una copa a que Juanito Ventolera no se atreve a pedir el bombín a la viuda. Como anteriormente, Ventolera gana la apuesta. La herejía queda completada con el escarnio.

Los cuernos de Don Friolera no muestra la misma transgresión hereje de La hija del capitán. La escena tercera se limita a presentar el entierro del capitán del barco "La Joven Pepita", el cual murió de unas calenturas. La ceremonia tiene lugar en el cementerio de Santiago el Verde: "Una tapia blanca con cipreses, y cancel negro con una cruz. Sobre la tierra removida, el capellán reza atropellado un responso, y el cortejo de mujerucas y marineros se dispersa" (87). La acotación incluye símbolos de luto: los cipreses y el color negro. El ciprés se encuentra en casi todos los cementerios debido a su simbolismo:

> Regarded by many peoples as a sacred tree, it is a long-lived evergreen plant symbolizing, like all conifers, long life and immortality. -In antiquity it was regarded as a symbol of death because after being cut down, it does not grow back; hence it was associated with Pluto and the realm of the underworld. (Herder Dictionary of Symbols 54)

Es obvio que en tierra sagrada se planten árboles sagrados. El carácter de inmortalidad del ciprés alude también a la inmortalidad del alma. En cuanto al cancel, es negro porque este color "often appears as the designation of darkness, primal chaos, and death" (Herder Dictionary of Symbols 23).

Luces de bohemia también muestra respeto por la muerte y el cementerio. La escena décimocuarta presenta el entierro de Max Estrella, que tiene lugar en el Cementerio del Este. Al lector no se le ofrece ningún tipo de ceremonia, sino sólo las conversaciones entre dos sepultureros y Rubén Darío y el Marqués de Bradomín. Estos dos últimos pasean por el camposanto: "Por una calle de lápidas y cruces, vienen paseando y dialogando dos sombras rezagandas, dos amigos en el cortejo fúnebre de MAXIMO ESTRELLA. Hablan en voz baja y caminan lentos, parecen almas imbuídas del respeto religioso de la muerte" (155). Como se ve, Rubén y el Marqués muestran respeto por el espacio sagrado en que se encuentran. Hablando de la muerte, el marqués se declara cristiano, y afirma creer en el cielo: "Yo no cambio mi bautismo de cristiano por la sonrisa de un cínico griego. Yo espero ser eterno por mis pecados" (156). La visión de la muerte es evidentemente cristiana, la cual es alabada por el Marqués: "Nosotros divinizamos la muerte. No es más que un instante la vida, la única verdad es la muerte... Y de las muertes, yo prefiero la muerte cristiana" (156). A continuación, tiene lugar la conocida parodia de *Hamlet*, en que Rubén y el Marqués hablan desenfadadamente de la muerte tras ver a los dos sepultureros conversando:

> RUBEN.- ¿No ama usted al divino William?
> EL MARQUES.- En el tiempo de mis veleidades literarias, lo elegí por maestro... Querido Rubén, Hamlet y Ofelia, en nuestra dramática española, serían dos tipos regocijados. ¡Un tímido y una niña boba! ¡Lo que hubieran hecho los gloriosos hermanos Quintero!
> RUBEN.- Todos tenemos algo de Hamletos.
> EL MARQUES.- Usted, que aún galantea. Yo, con mi carga de años, estoy más próximo a ser la calavera de Yorik. (158)

La escena de *Hamlet* ha quedado aquí esperpentizada, ridiculizada y parodiada. El mismo marqués termina calificándose de viejo como la calavera de Yorik.

Los dos sepultureros, más acostumbrados a ese marco, conversan sobre temas sociales y mundanos, sin sentirse amedrentados por estar en el cementerio. Hablan de la muerte como de un tema cualquiera. Cuando el Marqués les pregunta "¿Y se muere mucha gente esta temporada?" (159), ellos responden, sin mostrar pena alguna: "UN SEPULTURERO.- No falta faena. Niños y viejos. OTRO SEPULTURERO.- La caída de la hoja siempre trae lo suyo" (160). No les falta el sentido del humor en este sombrío contexto. Luego reflejan su sentido práctico al discutir lo pobre de su salario como sepultureros. Pero en ningún momento se aprecia falta de respeto a los muertos.

De esta parodia se desprende, sin embargo, cierto culto a la muerte. El camposanto valle-inclanesco no sólo resulta una parodia grotesca de lo que debería ser, sino una parodia del culto a la muerte mostrado en la obra shakespeariana.

5. Los marcos de entretenimiento.

Este es el sector más amplio en la obra de Valle-Inclán, pues abarca los cafés, las tabernas y los billares fundamentalmente, que forman un espacio muy recurrente, aunque también incluye el circo, el teatro, el casino y las ferias. Recordemos que Valle-Inclán se adscribe a la época modernista, y que los artistas de esta época centraban sus actividades en torno al café y a la taberna. Sus obras muestran así una obvia pasión por este marco. Todos estos marcos cumplen la función de entretener y divertir a la gente, sea de un estrato o de otro. También permiten a sus clientes olvidarse de sus obligaciones y preocupaciones: son marcos de evasión, así como también lugares de reunión social.

5.1. La taberna, el café y el billar.

La taberna y el café cumplen básicamente la función de bar: ofrecer bebidas a los clientes. La gente se reúne allí para evadirse de las obligaciones diarias bebiendo unas copas o un café y fumándose unos cigarrillos. El billar proporciona, además de bebidas, mesas de billar. Los tres marcos son así marcos de evasión dedicados al juego y al vicio de la bebida y del tabaco.

Luces de bohemia, al ser un esperpento con acción en una gran ciudad, Madrid, proporciona las mejores y más significativas descripciones de bares. La taberna de Pica-Lagartos es el centro de atención de dos escenas: la tercera y la última. El autor la describe con estas palabras:

> Luz de acetileno: Mostrador de zinc: Zaguán oscuro con mesas y banquillos: Jugadores de mus: Borrosos diálogos. -MAX ESTRELLA y DON LATINO DE HISPALIS, sombras en las sombras de un rincón, se regalan con sendos quinces de morapio. (24)

Como se observa, la "luz de acetileno" no es capaz de iluminar la oscuridad que invade la taberna, por lo que las personas allí presentes se ven borrosas, y las sombras dominan el espacio. El humo y las sombras son motivos recurrentes que el autor emplea para describir los cafés y las tabernas, así como los espejos multiplicando su efecto. La escena novena proporciona un efecto similar:

> Un café que prolongan empañados espejos. Mesas de mármol. Divanes rojos... El café tiene piano y violín. Las sombras y la música flotan en el vaho de humo, y en el lívido temblor de los arcos voltaicos. Los espejos multiplicadores están llenos de un interés folletinesco. En su fondo, con una geometría absurda, estravaga el Café. El compás canalla de la música, las luces en el

fondo de los espejos, el vaho de humo penetrado del temblor de los arcos voltaicos cifran su diversidad en una sola expresión. Entran extraños, y son de repente transfigurados en aquel triple ritmo, MALA ESTRELLA y DON LATINO. (102)

En esta acotación se observan alusiones cabalísticas: espejos multiplicadores, geometría y la transfiguración de Max y Latino por el triple ritmo que componen la música, las luces y el humo. Todos estos elementos, que parecen tener propiedades mágicas, se apoderan de Max y Latino, transformándolos en su ritmo. Toda esta acotación parece una parodia del exorcismo (atracción irresistible) que los cafés ejercían sobre los artistas bohemios modernistas, que pasaban la mayor parte del día en ellos.

La cabeza del Bautista empieza su acción en el billar del indiano, donde abundan los cristales y la música "a la luz melodramática del acetileno" (155). Esa descripción predice el crimen dramático que Don Igi y la Pepona planean: matar al Jándalo.   El ambiente del café recuerda el del cafe Colón en *Luces de bohemia*: "Parece cambiada la ley de las cosas y el ritmo de las acciones.   Como en los sueños y en las muertes, parece mudada la ley del tiempo" (180-81). La descripción de ambos cafés termina con un cambio de ritmo que afecta a los personajes y a los objetos.   En ambos casos se ven cristales, una iluminación débil y una música melodramática propiciando una transformación del ritmo de la vida, mudando "la ley del tiempo".   El café, sin duda alguna, parecía detener el tiempo a sus parroquianos. Estas acotaciones ofrecen una parodia simbólica, un tanto grotesca, de este detenimiento del tiempo de que disfrutaban los clientes del café.

En el Café de Platerías, en *La Corte de los milagros*, la gente y el humo también empañan los espejos:

En el café había tanta gente que el vaho de la parroquia embasaba los espejos. (248)

En el humo de los cigarros, sobre el rojo de los grasientos divanes, en el fondo luminoso y desvaído de los espejos, en la calva del mozo patilludo, que envenenaba con café, brilló el Viva España. (251)

Observamos también los divanes rojos que habíamos visto en el Café Colón de *Luces de bohemia*.   El color rojo quizá simbolice aquí la pasión descontrolada de la bebida: "Satan, the Lord of Hell, and the whore of Babylon are dressed in red; in this context red is the expression of the devouring power of hellfire or of untamed desires and passions" (*Herder Dictionary of Symbols* 157). Pero, más probablemente, pretende reflejar el carácter infernal de las tabernas y del esperpento en general, de acuerdo con la parodia dantesca.

Los cafés valle-inclanescos parecen así compartir varios elementos comunes: abundancia de espejos, la débil luz del acetileno, el vaho del humo empañando los espejos, música y divanes rojos. El ambiente general es denso, descontrolado, refleja el infierno (por el carácter pecaminoso de las borracheras que allí se dan) y propicia una transformación temperamental en sus parroquianos, al romper con las limitaciones del tiempo asociadas a la civilización.

5.2. El circo.

Es, sin duda, el Circo Harris presente en *Tirano Banderas* el más famoso y conocido de la obra valle-inclanesca. Su descripción revela la técnica cubista que Valle emplea en la construcción de sus acotaciones, y ésta forma la base del esperpento:

> Los gendarmes comenzaban a repartir sablazos. Cachizas de faroles, gritos, manos en alto, caras ensangrentadas. Convulsión de luces apagándose. Rotura de la pista en ángulos. Visión cubista del Circo Harris. (64)

El marco del circo no está aquí utilizado para el espectáculo en sí mismo, sino que sirve de espacio para una reunión de las Juventudes Democráticas (44) que termina con una violenta intervención de la policía. Es interesante cómo Valle-Inclán logra describir lo dramático de la actuación de la policía con tanta economía. Es precisamente la técnica cubista lo que le permite hacerlo en unos brochazos verbales. La secuencia consecutiva de frases nominales, describiendo los efectos producidos en varios de los sentidos (la vista y el oído fundamentalmente), permite este efecto tan directo: cada una de éstas resume, semióticamente, toda una batalla. Las "cachizas de faroles" muestra el gran y ruidoso estropicio que la acción policial ha provocado; los "gritos" reflejan sonoramente el dolor de los manifestantes, así como las "caras ensangrentadas" demuestran visualmente el derramamiento de sangre; las "manos en alto" resume la actitud de rendición de los participantes. Finalmente, la "convulsión de luces apagándose" sugiere el fin de la refriega, así como el deprimente estado físico de los asistentes; la "rotura de la pista en ángulos" muestra la destrucción final del marco del circo, en donde tuvo lugar la reunión política.

Hay que destacar la explícita adscripción del autor a la técnica cubista al final de la descripción: ello refleja la voluntad consciente del autor de emplear este estilo de vanguardia que se caracterizaba por su expresiva economía verbal. Este cubismo refleja el deseo de Valle-Inclán de captar el mayor número de ángulos o perspectivas de la realidad de un modo simultáneo. El autor expresa esto con gran claridad en *La media noche*, donde pretende ofrecer una visión astral de la Primera Guerra Mundial:

> Todos los relatos están limitados por la posición geométrica del narrador. Pero aquel que pudiese ser a la vez en diversos lugares, como los teósofos dicen de algunos fakires, y las gentes novelescas de Cagliostro, que, desterrado de París, salió a la misma hora por todas las partes de la ciudad, de cierto tendría de la guerra una visión, una emoción y una concepción en todo distinta de la que puede tener el mísero testigo, sujeto a las leyes geométricas de la materia corporal y mortal...
> Yo, torpe y vano de mí, quise ser centro y tener de la guerra una visión astral, fuera de geometría y de cronología, como si el alma, desencarnada ya, mirase a la tierra desde su estrella. (101-02)

Esta es una descripción muy exacta de la perspectiva esperpéntica y de su propósito: una visión de la realidad desde múltiples puntos de vista a la misma vez, de modo que el narrador no estuviera sometido a las leyes del tiempo y del espacio. Una visión de este tipo debería ser, sin duda alguna, objetiva. La suma de las perspectivas daría una percepción total y objetiva de la realidad observada: esta visión corresponde a la cubista. Es admirable cómo Valle-Inclán supo asimilar este movimiento artístico que había nacido en Francia en 1907 a la literatura en sus esperpentos, convirtiéndose en el precursor del cubismo literario en España.

En *¡Viva mi dueño!* se alude a otro circo, pero de pasada:

> Noche de Madrid. Clara arquitectura de estrellas.
> El Circo del Príncipe Alfonso apaga sus luces y asaltan la acera todos los árboles de Recoletos. El tumulto de pregones, esparcido en rebatiña, rueda por la Plaza de Cibeles. (175)

Se intuye, por el contexto de la cita, que el circo ha sido empleado otra vez para una reunión política, pues ha sido marco de "pregones", discursos. El circo es, así, en los esperpentos, un marco de reunión política, si bien el Circo Harris sirvió a Valle-Inclán para ejemplificar la literarización de la técnica cubista.

5.3. El teatro.

Se encuentra en la obra de Valle-Inclán dos tipos de teatros: el teatro como tal, y el de guiñol, que viene a ser el teatro en miniatura. El hecho de ver a personajes valle-inclanescos yendo al teatro u observando teatro de guiñol nos remonta al tema clásico del "teatro dentro del teatro". Los ecos calderonianos son evidentes: la vida es un teatro. Recordemos la clara parodia de Calderón en *Luces de bohemia*: "MAX.- ¡Mal Polonia recibe a un extranjero!" (15); "Para medrar hay que ser agradador de todos los Segismundos" (48). La parodia por medio del "pastiche" literario sigue siendo norma en el autor, como ya percibió Zamora Vicente en su edición de *Luces de bohemia*, quien lo calificaba de "literatización" (XXXVI). Según el crítico, "la parodia ya parte de una literatización: la del texto puesto en solfa" (XXXVI). Zamora Vicente aclara que esta técnica no era original del Valle-Inclán, sino que ya había sido puesta en acción por los modernistas (XXXVI). Por otra parte, el tema del teatro dentro del teatro sería popularizado por Luigi Pirandello en *Seis personajes en busca de autor* en 1921, un año después de la primera versión de *Luces de bohemia*. Esta técnica provocaba el "extrañamiento" ('distanciamiento') del público, al hacerle bien consciente de que sólo estaba asistiendo a una obra de teatro, impidiendo su envolvimiento emocional con los personajes y la trama de la obra.

El prólogo a *Los cuernos de Don Friolera* incluye una representación de guiñol que tiene lugar en el corral de una posada, organizada por un corro de feriantes. Al final del espectáculo se revela el título de la obra: "La Trigedia de los Cuernos de Don Friolera" (73). El esperpento ha quedado así parodiado y ridiculizado en su prólogo, constituyendo un caso único de crítica satírica en la literatura. No sólo encontramos teatro dentro del teatro, sino que el primero ha satirizado a su parte mayor o continente, creando el extrañamiento tan conocido en Pirandello.

El teatro a escala regular aparece en *La Corte de los milagros* y *¡Viva mi dueño!*. En la primera obra, se representa *El Alcalde de*

Zalamea en el Teatro de la Cruz. En el "Saloncillo de Autores", un crítico llamado "Epidemia" comenta la representación con palabras muy reveladoras:

> -Nuestro Abelardo se ha parangonado, se ha parangonado con el genio de Calderón. ¡De Calderón! Ayala no ha refundido, ha colaborado. Como Calderón había antes colaborado con Lope. ¡Con Lope! El tema inicial pertenece al Fénix. Ayala ha igualado la versificación calderoniana en sus más felices momentos. ¡En los más felices de Calderón! ¡Igualado! (71)

Este pequeño discurso ilumina claramente lo que pensaba Valle-Inclán sobre la parodia y el pastiche. Para él, recoger textos anteriores, copiarlos y modificarlos es perfectamente legítimo, y no un plagio, como acusó Julio Casares. Además, lo que solía hacer Valle-Inclán era recoger obras desconocidas, de poco mérito, recrearlas y mejorarlas de tal modo que cobraban una nueva personalidad. La obra parodiada, de este modo, era reconocida más que si hubiera permanecido en el olvido. Es en *¡Viva mi dueño!* donde se presenta la descripción más detallada de un teatro, el Teatro de los Bufos.

> El rojo terciopelo de los palcos enciende un guirigay de luces y vaporosos tules, hombros desnudos, abanicos y brazaletes. En aquel proscenio, izquierda del espectador, asesinan corazones los elegantes del Reino: Pepe Alcañices es el patilludo cetrino y jaque: El rubiales del párpado caído, Gonzalo de Bogaraya... (27).

Como vemos, el teatro es un espacio de reunión de la clase alta y de la nobleza, incluyendo a la Realeza. Entre acto y acto, pasan a las salas interiores a conversar y, como se aprecia en la cita, a cortejar. Nótese la destreza con que Valle-Inclán ha empleado el recurso de la sinécdoque para describir a los presentes: las mujeres han sido reducidas a lo que visten ("tules"), llevan puesto ("brazaletes") o, incluso, a una parte de su cuerpo ("hombros desnudos"). Este recurso ha servido al autor para elaborar su deformación, que llega a ser grotesca para describir a los nobles, quienes quedan reducidos a una patilla y un "párpado caído". Valle-Inclán ha sabido parodiar de un modo muy humorístico y elocuente a esta clase social que, no estando interesada en el teatro, solía asistir a él por puros motivos sociales o de interés amoroso.

5.4. El casino.

El casino es otro marco de reunión social, también de clase alta y adinerada. A él van a apostar los miembros de la nobleza y las personas adineradas. Es, pues, un ambiente de avaricia y despilfarro. Encontramos casinos en *Tirano Banderas* y *¡Viva mi dueño!*.

El casino descrito en *Tirano Banderas* está claramente satirizado por el autor, quien califica a sus clientes de petulantes:

> Amarillos y rojos mal entonados, colgaban los balcones del Casino Español. En el filo luminoso de la terraza, petulante y tilingo, era el quitrí de Don Celes. (48)

> El Casino Español -floripondios, doradas lámparas, rimbombantes moldurones- estaba rubicundo y bronco, resonante de bravatas. (49)

> El Casino está pervirtiendo su funcionamiento y el objetivo de sus estatutos. De centro recreativo se ha vuelto un sacadineros."
> (130-1)

La decoración, como se aprecia, es rimbombante y cursi, mientras que las personas que llevan el casino y las que asisten a él son satirizados locuazmente. Valle-Inclán ha efectuado un ataque mordaz a esta institución que sólo pretende enriquecerse a costa de sus clientes. Lo que era, en principio, un marco social recreativo, se ha convertido en un local de explotación.

¡Viva mi dueño! presenta otra imagen del casino:

> Humo de tabaco, salones a media luz. Tertulias de noctámbulos, algún bulto por los divanes. En la sala de billares, tras una zona de tinieblas, dos carambolistas con el reflejo verde de la mesa. (37)

> ... atmósfera de la sala de juego. Luces y humo de tabaco, paños verdes y puntos de fraque. (41)

Se observa que el Casino Español -así es como se llamaba- parece más un salón de juegos con bar que un casino. El ambiente es como el de los bares: mesas y billares verdes, bultos humanos y mucho humo de tabaco iluminado con luz tenue. El casino adquiere así la doble función de bar y salón recreativo.

5.5. Las ferias.

Las ferias forman un marco muy común en la obra valle-inclanesca, pues aparecen en *Divinas palabras, Los cuernos de Don Friolera, Tirano Banderas* y *¡Viva mi dueño!*. Pero es en *¡Viva mi dueño!* donde cobran su máxima atención, en el libro quinto, significativamente llamado "Cartel de ferias".

La feria está formada por un grupo de personas que se van mudando de un lugar a otro para recrear, con su negocio ambulante, a distintas poblaciones. La presencia de una feria en un pueblo transforma el ritmo de su población y lo alegra. La posesión de espacios recreativos es lo que da a un pueblo importancia. El poema que inicia "Cartel de ferias" expresa esta idea:

> ¡Solana ya no es Solana,
> que es segundo Guasingtón!
> ¡Tie Recreo y toa la hostia
> de una culta población! (110)

Efectivamente, como muestra el poema burlesco, la organización de una feria convierte en un pueblo en una población grande y civilizada. El autor, por otra parte, ha parodiado tanto la capital americana como el habla campesina, provocando la hilaridad del lector con su humorismo.

Los gitanos forman buena parte de las ferias, así como cabras y otros animales:

> Transitaba, entre nubes de polvo, el rezago de una feria. -Piños de ovejas y cabras, tropas de mulos y caballos, yeguas de vientre, recuas arrieras, carricoches de lisiados, galerones de titirimundis. (83)

> En Solana del Maestre, como por todo aquel ruedo, las ferias aparejan siempre prematuros calores, y prosperan las alegrías del jarro. (110)

Como se aprecia en la cita, las personas deformadas también forman parte de las ferias, así como los titiriteros. Las ferias, normalmente organizadas en verano, además de proporcionar actividades recreativas, se convertían también en un centro comercial de compra y venta de ganado al que acudía gente de los pueblos vecinos. El marco de la feria contribuía a alegrar y divertir a la población.

En *Divinas palabras*, las ferias de Viana del Prior traen consigo al compadre Séptimo Miau haciendo de mago con un "pájaro mago" que profetiza la suerte y el futuro de las personas que se prestan a ello. En el prólogo a *Los cuernos de Don Friolera*, como vimos antes, un corro de feriantes organiza una representación titiritera en el corral de una posada, que resulta ser una parodia del esperpento que precede. El bululú que la dirige, afirma Don Estrafalario, "tiene una dignidad demiúrgica" (76). Esta feria refleja el carácter grotesco que Valle-Inclán tanto gusta de parodiar.

En *Tirano Banderas*, Santa Fe, donde se refugiaba Santos Banderas, celebraba sus ferias en otoño, "tradición que venía del tiempo de los virreyes españoles" (27). Esta feria, como la mayoría de las descritas en la obra de Valle-Inclán, incluía animales de todo tipo, y rezumaba gran colorido:

> El real de la feria tenía una palpitación cromática. Por los crepusculares caminos de tierra roja ondulaban recuas de llamas, piños vacunos, tropas de jinetes con el sol poniente en los sombreros bordados de plata. (168)

Es interesante cómo Valle-Inclán sintetiza la descripción de los múltiples colores empleados en la feria con dos palabras: "palpitación cromática". Otra vez, el autor ha echado mano de la técnica cubista para enfatizar una descripción. La alusión a las combinaciones de colores es, sin duda, herencia del recurso de la sinestesia tan común en el modernismo. Recordemos el principio del poema de Darío "Alaba los ojos negros de Julia" (de *Prosas Profanas*), en donde se ejemplifica la pasión modernista por los colores:

> ¿Eva era *rubia*? No. Con *negros* ojos
> vio la manzana del jardín: con labios
> *rojos* probó su miel; con labios *rojos*
> que saben hoy más ciencia que los sabios.
>
> Venus tuvo el *azur* en sus pupilas,
> pero su hijo no. *Negros* y fieros,
> encienden a las tórtolas tranquilas
> los dos ojos de Eros. (33)

Obsérvese como, en sólo dos estrofas, Rubén ha empleado cuatro colores: el rubio, el negro (dos veces), el rojo (dos veces) y el azul. Valle-

Inclán debió sentir la misma atracción por los colores, y decidió, en esta cita, como en otras, parodiar esta combinación de colores con la calificación decadente de "palpitación cromática".

En suma, la feria es un marco móvil que se muda de un lugar a otro y que trae alegría, colorido, ganado y otros animales y personas que practican artes mágicas para recrear a los habitantes de la población visitada. El marco también ejerce una función comercial y tiende a reunir gente de diferentes localidades vecinas. Es un marco abierto y móvil que permite una amplia mescolanza de caracteres y actitudes.

6. Conclusión sobre los marcos simbólicos.

En resumen, se ha visto que todos los marcos empleados por Valle-Inclán se adecúan perfectamente al concepto del esperpento. La perspectiva desde arriba que utiliza el autor a la hora de describirlos los dota de significaciones múltiples que les relaciona simbólicamente con el contexto, sea éste formado de personajes, animales u objetos. Los marcos alcanzan así niveles sagrados o sobrenaturales, tanto religiosos como clásico-paganos (caso de la alegoría del Infierno clásico). Valle-Inclán es consistente en sus intenciones paródicas, y las muestra repetidamente, de modos distintos y similares, esparcidas por entre todas sus obras. La unidad de los esperpentos queda así patente, y el aspecto paródico, basado en un método de aplicación semiótica, la fortalece aún más.

El marco de la casa es variado, desde la casa rural (presente en Galicia y Andalucía) hasta la urbana (Madrid), pero todas ellas muestran la entidad familiar, tanto en armonía (*Luces de bohemia*, por ejemplo) como en disolución, debido al adulterio (*Divinas palabras*, *Los cuernos de Don Friolera*). El marco de la casa gallega es rural y muestra carácter antiguo y primitivo, con gran recurrencia de actividades mágicas y brujeriles, por lo que la superstición es corriente. La casa urbana, en cambio, refleja los avances de la civilización, por lo que la brujería anterior es sustituída por un ocultismo más culto y de iniciados (cábala, teosofía, etc.). Las preocupaciones sociales aquí existentes incumben a toda España, y los valores reflejados son universales. Por último, la casa andaluza introduce un marco excepcional: la casa de recreo, ejemplificada por el Coto de los Carvajales en *El Ruedo ibérico*. Aquí se produce un confrontamiento entre la nobleza madrileña y los trabajadores andaluces, así como se presencian actos de bandolerismo que intentan romper la armonía existente.

Los marcos naturales adquieren un alto valor simbólico, y su simbolismo suele ser consistente con la trama argumental. A veces, incluso, explica el motivo de las acciones de los personajes, como es el caso del reflejo de la luna en objetos o elementos brillantes (una fuente, un cristal, unas tijeras). El jardín, las fuentes (o los lagos o las charcas) y la luna suelen combinarse para proporcionar un ambiente romántico lleno de belleza emotiva y misterio: un huerto con una fuente se convierte, por ejemplo, en un lugar ideal para enterrar a la víctima de un crimen. El marco de la cueva se convierte en una parodia del infierno para un secuestrado, con la aparición de elementos ocultistas que acentúan aún más el ambiente de terror.

Los marcos de pasaje introducen el tema del peregrinaje, que ocupa un papel central en la obra de Valle-Inclán. La gran presencia de peregrinos y su carácter sobrenatural ilumina y aclara el peregrinaje de Max Estrella como parodia del *Infierno* dantesco. Caminos, carreteras y calles son el marco de peregrinación, éstas últimas, una parodia esperpéntica de las primeras. Estos peregrinajes recuerdan al lector el tópico clásico de la vida como peregrinación, que parece estar representado en las obras de Valle-Inclán. La escalera y el puente proporcionan el medio de enlace entre dos puntos separados por un obstáculo: la escalera es un símbolo vertical y media entre el cielo y la tierra; el puente es un símbolo horizontal y permite el enlace entre dos lugares de otro modo infranqueables. Los medios de transporte representan el viaje y una forma civilizada, moderna, de peregrinación: el barco utilizado por los hermanos Tiberio Graco y Claudio Nerón en *Baza de espadas* para ir de Gibraltar a Londres se convierte en un microcosmos móvil, dada la diversidad internacional de los pasajeros. El tren, medio de transporte aún más moderno, permite a los marqueses viajar a su finca cordobesa a recrearse por sus vacaciones. Cierta parodia del futurismo podría aventurarse, dadas las descripciones grotescas de la locomotora.

Los marcos religiosos elevan a los personajes a un estado de consciencia sobrenatural. La iglesia y el convento transportan, con su carácter sagrado, a sus visitantes a estadios superiores, con la excepción del convento de *Tirano Banderas*, que sirve de alojamiento y fortificación. El cementerio muestra, en cambio, la repetida transgresión del espacio sagrado: *Luces de bohemia*, con la parodia de *Hamlet*; y *Las galas del difunto*, con el expolio cometido por Juanito Ventolera.

Finalmente, los marcos de entretenimiento muestran el carácter lúdico de la población civilizada. Los bares, el casino y las ferias sirven para la recreación y evasión personales, y la descripción de su ambiente lo reflejan. El teatro y el circo son convertidos por el autor en un marco de reunión política, que, en algunas ocasiones, resultan en incidentes dramáticos, como en el caso del mítin de las Juventudes Democráticas en el Circo Harris en *Tirano Banderas*. Pero Valle-Inclán aprovecha la ocasión para elaborar una descripción cubista que satirice, paródicamente, el terrible acontecimiento que termina en derramamiento de sangre. El carácter simbólico de los marcos es aprovechado así generalmente para efectuar parodias de todo tipo. Pero, para comprenderlas, es fundamental captar el simbolismo de los marcos, que, a veces, es sumamente sutil.

Capítulo 4

La geografía valle-inclanesca

El presente capítulo ofrece una visión de cómo Valle-Inclán retrata en sus obras las regiones geográficas aludidas. El propósito es aquí analizar el modo en que el autor percibió estos espacios reales y los deformó a través de su técnica deformadora. Los esperpentos estudiados en este libro tienen su marco en cinco zonas: Galicia (*Divinas palabras*, *El embrujado* y *Los cuernos de Don Friolera*), Madrid (*Farsa y licencia de la Reina castiza*, *Luces de bohemia*, *La hija del capitán*, *La Corte de los milagros*, *¡Viva mi dueño!*) Andalucía (*Sacrilegio*, *La Corte de los milagros*, *¡Viva mi dueño!*), Londres (*Baza de espadas*) y Latinoamérica (*Tirano Banderas*). Como se ve, Galicia y Madrid son las dos zonas más empleadas por el escritor gallego. Además, también es de destacar que bastantes obras no están localizadas en ningún lugar determinado, sino que el autor lo deja sin identificar, permitiendo su mitificación. Es decir, estas obras se quedan así libres de la constricción del espacio y del tiempo, por lo que sus personajes pueden ser fácilmente reducidos a arquetipos (brujas, seductores, criminales, víctimas, etc.). Las obras sin espacio identificado son: *Ligazón*, *La rosa de papel*, *La cabeza del Bautista* y *Las galas del difunto*. Con excepción de la última obra, todas las demás forman parte del *Retablo de la avaricia, la lujuria y la muerte*, donde predomina la creación de arquetipos morales. Los personajes son así reducidos a su posición y, en varias ocasiones, privados de identidad personal, no dándoles el autor el derecho de tener un nombre propio. El máximo exponente de esta mitificación es *Ligazón*, la única obra analizada en que no hay ningún personaje con nombre propio. El "dramatis personae" incluye: la ventera, la raposa, la mozuela, el afilador y un bulto de manta y retaco (11). Del mismo modo, los espacios no identificados son mitificados, tanto a partir de sus personajes como del ambiente general del escenario.

En cuanto a las regiones identificadas, se debe señalar de antemano que Valle-Inclán las ha transformado a través de su lente convergente, por lo que la relación entre la realidad geográfica y la literaria es de pura analogía literaria. Como bien señaló Antonio Risco,

> Las relaciones que pretenden establecer entre el lector y la región española de la realidad son principalmente de orden afectivo e imaginativo, mediatizadas además por las convenciones literarias en general, por las del género en cuestión (poesía, narración o teatro) y por las de cada obra en particular. Por si ello no bastara, el Demiurgo transforma los datos de su experiencia respecto a aquel país en un complejo mecanismo simbólico. (139)

El autor (o demiurgo, según bautiza Risco al narrador que se independiza de la realidad) deforma la realidad que le sirve de fondo por medio de su filtro esperpéntico, otorgándole una personalidad nueva llena de valores emotivos, estéticos y simbólicos. Por este motivo, si se compara el producto literario final con el espacio real en que está basado, se podrá comprender mejor el proceso deformador que Valle-Inclán utiliza para recrear este último. Este es el objeto del capítulo.

1. Galicia.

No es de extrañar que Galicia cobre una importancia predominante en Valle-Inclán, dado que es la región en que nació. La Galicia que Valle representa en sus obras es una mítica Galicia rural, en que la realidad se mezcla con la leyenda. La región, conocida por sus creencias supersticiosas, de raíz celta, es mitificada para realzar su carácter original. El propio Valle-Inclán mitificó Galicia en su vida real. Recuérdese la conocida anécdota de su declaración de nacimiento, en la que afirmó haber nacido en un barco entre Villanueva de Arosa y Puebla del Caramiñal, para que ambos pueblos se lo disputaran. Pero ha quedado documentado que nació en Villanueva de Arosa, Pontevedra. Pero ya se entrevé en esta anécdota su deseo de mitificar Galicia por medio de una deliberada distorsión de datos geográficos. Como se verá, al autor le gusta transformar datos históricos de tal modo que, aún pareciendo históricos, se conviertan en invenciones personales, aunque conserven relaciones con la verdad original.

Antonio Risco dedica un capítulo a la Galicia del Valle-Inclán de la primera fase, excluyendo así el estudio de los esperpentos que describen Galicia desde una perspectiva que combina el ambiente mítico con su desmitificación. Ya en la primera época vislumbra Risco en Valle-Inclán un fondo desmitificador, el cual se acentuará en los esperpentos. En estos, como en la obra anterior,

> La falsa piedad se mezcla con la superstición, el misterio, las ciencias ocultas y el paganismo: síntesis que define en buena parte la religión fundada por nuestro Demiurgo, pero que aquí pretende representar a la vez una poetización del alma colectiva del pueblo gallego. (142)

Esta mezcla de falsa religiosidad con la magia y la brujería impregna toda la obra de Valle-Inclán, formando una poética personal valle-inclanesca. Es especialmente aparente en *Divinas palabras*, donde conviven feligreses con individuos con poderes diabólicos (Séptimo Miau, Lucero, Coimbra, Marica, Colorín y el Trasgo cabrío). La acción de la "tragicomedia de aldea" tiene lugar en varios pueblos gallegos inexistentes: San Clemente, Lugar de condes y Viana del Prior. En Galicia no hay ningún pueblo con estos nombres, si bien estos suenan sumamente verosímiles. El motivo de esta verosimilitud es el juego realizado por el autor. Por ejemplo, en Galicia hay varios pueblos que empiezan con Viana, pero ninguno llamado Viana del Prior, aunque sí es conocido el Cabo Prior. Valle-Inclán ha creado este pueblo a base de otros existentes: éste es un proceso deformador muy común en el autor.

Los personajes de la tragicomedia caminan de una localidad a otra, especialmente para asistir a las ferias de Viana del Prior. Los peregrinajes son comunes, como lo son en realidad en Galicia, región en que se halla Santiago, el santuario más visitado por peregrinos en la historia. El ambiente general es así arcaico, hasta el punto de que algunos personajes hablan como si pertenecieran a la Edad Media, utilizando arcaísmos (dicen "la puente", por citar sólo un ejemplo).

El embrujado, que desarrolla su acción en las tierras gallegas de Salnés, muestra un ambiente satánico rodeado de misticismo. Rosa

Galans tiene poderes de bruja; Diana de Sálvora practica la lectura del tarot (139); y hay quien practica el "mal de ojo" (124). Sin embargo, hay personajes que son positivos y que reflejan cierto misticismo. Doña Isoldina, por ejemplo, tiene "el perfume campesino del Evangelio... su alma es humilde y cristalina, llena de un murmullo sagrado" (91). Y, hacia el final de la obra, las figuras de los personajes con el niño muerto parecen "como en los retablos del nacimiento y de la muerte de Nuestro Señor Jesucristo" (145). Pero es Rosa Galans quien gana la partida, pues termina llevándose a Pedro y a Mauriña "¡a los Infiernos!" (150). El final es sumamente revelador del carácter satánico de Rosa Galans:

> La mirada dura y negra de Rosa Galans los sigue hasta que pasan el vano del arco. La Galana, en el *umbral*, se vuelve, escupe en las losas y hace los cuernos con la mano izquierda. Las gentes de la cocina se santiguan. Un momento después tres perros blancos ladran en la *puerta*. (150)

La presencia de innumerables caminos y carreteras, junto con los peregrinos que las transitan, como se vio al estudiar este marco, contribuyen a acentuar el carácter arcaico de la Galicia valle-inclanesca. Los aldeanos gallegos conviven y se dedican a la murmuración, como refleja la siguiente canción cantada por la moza: "¡Ay! Un murmuro le miente/ que el muerto prenda dejaba./ ¡Ay! Prenda engendrada en moza,/ que tienes la casa llena" (*El embrujado* 81). Las relaciones amorosas cobran el interés de primera plana, junto con el tradicional tema del adulterio, presente en *Divinas palabras* y *El embrujado*.

2. Madrid.

Valle-Inclán ofrece dos visiones de Madrid completamente opuestas: el Madrid palaciego (*Farsa y licencia de la Reina castiza, La Corte de los milagros* y *¡Viva mi dueño!*) y el Madrid humilde (*Luces de bohemia* y *La hija del capitán*). El Madrid palaciego centra su atención principal en la Reina Isabel y en la camarilla que la rodeaba en las Cortes: es un marco fundamentalmente político rodeado de poder y lujos. El Madrid humilde presenta la vida madrileña desde la perspectiva de los escritores olvidados y de la clase militar.

La *Farsa y licencia de la Reina castiza* desarrolla su acción en la Corte isabelina, entre el palacio y los jardines de palacio. Esta farsa representa el inicio de la fase esperpéntica en la obra valle-inclanesca, y el aspecto grotesco se suma a la decoración modernista para resultar en una sátira irónica del reinado isabelino. El "Apostillón" introduce una de las primeras manifestaciones teóricas del esperpento en Valle-Inclán:

Corte isabelina
Befa setembrina
Farsa de muñecos
Maliciosos ecos
de los semanarios
revolucionarios (7)

Mi musa moderna
enarca la pierna,
se cimbra, se ondula,
se comba, se achula,
con el ringorrango
rítmico del tango
y recoge la falda detrás. (8)

Ya de entrada, el autor califica su obra de una "befa setembrina", es decir, de una caricatura grotesca de la revolución setembrina de 1868. Incluso clasifica su obra dentro del género de la farsa, caracterización muy acertada que parece verificarse con la estrofa citada que le sigue, famosa en la crítica valle-inclanesca por preconizar el estilo grotesco del esperpento.

Los nombres de los personajes contribuyen al aspecto grotesco de la farsa: Don Gargarabete, el Jorobeta, el Sopón... Todos ellos forman parte del marco palaciego que es llamado, en última instancia, "el Reino de Babia de la Reina Castiza" (156). La deformación paródica del marco queda asi comprobada.

La Corte de los milagros y *¡Viva mi dueño!* describen dos palacios fundamentalmente: el Palacio Real y el palacio de los Marqueses de Torre Mellada. El Madrid reflejado en estas obras está definido, en esta ocasión, históricamente. *La Corte de los milagros* empieza el cuarto domingo de Cuaresma de 1868, presentando la donación de la Rosa de oro a la Reina Isabel II. Sin embargo, a partir de datos históricos, como ha demostrado Leda Schiavo, Valle-Inclán se dedica a la recreación histórica, haciéndose difícil distinguir lo verdadero de lo ficticio.

En cambio, en otras ocasiones, toma anécdotas triviales que sucedieron en la realidad, pero que parecen inverosímiles, y las transcribe fielmente, como el episodio de la defenestración del guardia por el hijo del Marqués y sus amigos:

> El episodio del guardia asesinado por los juerguistas podría parecer totalmente novelesco, pero sin embargo está inspirado en episodios contemporáneos del autor. Así lo documenta Almagro San Martín en un libro de memorias titulado *Biografía del 900* cuando se refiere a muchachos calaveras de familias ilustres o bien relacionadas que "recorren las calles aporreando las puertas, riñendo con los serenos, apedreando gatos, defenestrando prostitutas y desacatando a la policía" y a veces "vuela por los aires un pobre guardia".[1] (103)

La Corte, el Palacio Real, es descrito en su interior. Se introduce la Capilla Real (16), un camarín (17), una "saleta vecina" (20), el "Salón de Gasparini" (22), un balcón (22), la cámara de la Reina, el Salón del Trono (27). En su totalidad, el marco es calificado de una "Corte de Licencias y Milagros" (31). La ridiculización de la Corte isabelina queda muy patente, siendo la reina Isabel su blanco más preciado, como refleja una de sus primeras descripciones: "La Majestad de Isabel II, pomposa, frondosa, bombona, campaneando sobre los erguidos chapines, pasó del camarín a la vecina saleta" (20). El autor parodió, sin duda alguna, el hablar desenfadado y mordaz de la gente que se burlaba de ella, de su aspecto físico, de su forma de vestir y de actuar. Esta ridiculización se generaliza a la Corte en general.

El Palacio de los Marqueses de Torre-Mellada está localizado en la Costanilla de San Martín y, como el Palacio Real, es suntuosamente lujoso. Era un caserón muy visitado por la nobleza y que fue "lugar de muchas cábalas y conjuras políticas" (37) durante el reinado isabelino. En cuanto al Marqués y al resto de la nobleza, presentan un panorama político desolador, especialmente los personajes masculinos, los cuales

---

[1] Schiavo, en nota a pie de página, indica que el suceso estaba fechado a 13 de enero.

se dedican a la juerga, provocando accidentes a veces trágicos, como se observó anteriormente. El Salón de la Marquesa acoge a las mujeres de la nobleza, por lo que se convierte en un lugar de cotilleo nacional, objeto de la sátira de Valle-Inclán: "El isabelino salón, con las luces multiplicándose en los espejos, por gracia del garrulero parlar se convertía en una jaula, cromática de gritos y destellos" (44). La presencia de los espejos es un recurso empleado por el autor para deformar la imagen presentada y para recordar al lector la técnica del esperpento empleada. Por medio de este recurso, el ambiente del salón también queda parodiado.

Los otros espacios presentados en *La Corte de los milagros* son el Café Suizo, el Teatro de la Cruz y, más importante aún, el Ministerio de la Gobernación, donde preside Narváez. De ellos, sólo el primero comparte su espacio con las clases humildes madrileñas. La separación de clases es aquí evidente. Este y el teatro son marcos recreativos de reunión social, mientras que el Ministerio representa la política nacional en movimiento.

El Madrid humilde es retratado con máxima autenticidad en *Luces de bohemia*, que tiene lugar en un "Madrid absurdo, brillante y hambriento" (4). La acción de la obra transcurre en el barrio antiguo, en el centro de la ciudad (la calle de la Montera, el callejón del Gato están, como es sabido, en el corazón de la capital). Max Estrella y los demás personajes de este esperpento recorren el Madrid bohemio de las tabernas, los cafés, las librerías de viejo, las redacciones de los periódicos, las buñolerías, para terminar en el cementerio con objeto de asistir al entierro del propio Max Estrella. Este recorrido callejero, que refleja el ambiente de pobreza vivido por los artistas bohemios de la época y cómo se las arreglaban para sobrevivir, tiene su paralelo ambiental en las *Escenas de la vida bohemia*, de Henry Murger, y en *La santa bohemia*, de Ernesto Bark, la contrafigura de Basilio Soulinake, cuyas obras pudo Valle-Inclán haber recreado. Ramón Aznar, en su estudio sobre la bohemia de fin de siglo (tesis doctoral no publicada), demostró la importancia y la influencia que este ambiente, fundamentalmente creado por los artistas modernistas, tuvo en los escritores de la época.

Max Estrella también visita la cárcel en el momento clímax de su peregrinaje. Esta se halla en el Ministerio de la Gobernación, y aquí se desarrollan los diálogos más dramáticos de la obra. Cuando el preso anarquista declara a Max que van a aplicarle la ley de fugas, éste eleva su protesta ante la cruel injusticia y exclama desesperadamente: "¿dónde está la bomba que destripe el terrón maldito de España?" (70). La cárcel se convierte así en un centro importante de protesta social y política acerca de la situación nacional contemporánea (primer cuarto de siglo).

Madrid presenta rasgos de violencia en *Luces de bohemia*, *La Corte de los milagros* y *La hija del capitán*, las cuales presentan derramamientos de sangre. En el primer esperpento, la policía dispara a unos ciudadanos que se manifiestan y matan a un niño que estaba en brazos de su madre; también matan a Mateo, el prisionero anarquista, como se dijo antes. En *La Corte de los milagros*, el Marqués de Torre-Mellada y sus amigos tiran a un policía por la ventana de un segundo piso, matándolo. En *La hija del capitán*, el Golfante mata a Don Joselito en una timba de cartas. Todos éstos son ejemplos de la violencia que padecía Madrid y el resto de España en esa época: actos de violencia iniciados muchas veces por gente que abusa de su autoridad. Madrid es así el espejo de la situación del país en esa época.

3. Andalucía.

Andalucía es el marco de *Sacrilegio*, *Los cuernos de Don Friolera*, *La Corte de los milagros* y *¡Viva mi dueño!*. *Sacrilegio* tiene lugar en las montañas de Sierra Morena, que era entonces un refugio de bandoleros. Los bandoleros de la obra secuestran al hijo de un hacendado, Frasquito, con el objeto de cobrar un rescate. Lo ocultan en la Cueva del Moro durante mucho tiempo, pero el padre no les paga el dinero requerido, alegando no tener suficiente.   Los nombres de los bandoleros proporcionan un ambiente grotesco a la obra: Carifancho, Pinto Viroque, Patas Largas, Vaca Rabiosa, el Sordo de Triana. Estos nombres degradantes ofrecen gran pintoresquismo a la escena. El satanismo y el ocultismo espiritista impregnan la escena, haciéndose especialmente presentes en el Sordo de Triana: de allí el título de *Sacrilegio* dado a la obra. El Padre,

> puesta la linterna en alto, se mira en el *espejo de la charca*,
> y el ojo de la linterna le mete su guiño sobre la tonsura.
> Sintió cubrírsele el alma de beato temor, frente al reflejo
> *sacrílego* de su imagen inmersa, *sellada por un cristal*,
> infinitamente distante del mundo en la *cláusula azul de la*

charca, el ojo de la linterna como un lucero sobre la tonsura de San Antoñete. (201) [énfasis añadido]

El espejo y el cristal que forma la charca, junto con la "cláusula azul", son elementos asociados con la magia y el ocultismo (recuérdese la explicación a propósito de esta cueva) que convencen al lector de la posesión diabólica del Sordo de Triana. El Padre Veritas, al darse cuenta de ello, intenta exorcizarlo:

> ¡Santo de real orden para obrar un milagro! ¡Salte fuera, *Satanás*, que este paso es cosa seria! ¡Vamos a salvar un alma! / Por las cristalinas entrañas del silo, la voz, náufraga y ciega, se dilata con profundos círculos superados de *influjo geomántico*... El Padre Veritas era todo atento a la prosa del señor Frasquito. Se acerca con torvo impulso, reto de valentón, frente al *sacrilegio* que le asusta con oscura advertencia. (201-2) [énfasis añadido]

El exorcismo pretende expulsar al Diablo del alma de Frasquito y romper el sacrilegio encarnado en éste. La parodia queda reflejada en el léxico; el "influjo geomántico" del Padre no tiene nada que ver con su exorcismo, sino que la expresión sólo pretende insinuar un dominio del vocabulario secreto de los iniciados. La definición de "geomancia" aclarará esto: "Adivinación supersticiosa que se hace valiéndose de los cuerpos terrestres, o con líneas trazadas en la tierra" (Casares 1984).

Ni el Padre Veritas intenta adivinar nada, ni traza ninguna línea en la tierra con intención alguna. Todo ha sido una parodia deformadora de la magia del exorcismo. La cueva, en donde tiene lugar la acción durante la mayor parte de la obra, es el marco más apropiado para la presentación de este carácter satánico, ya que, como se declaró anteriormente, simboliza el vientre de la tierra, el mundo inferior, el Infierno. No en vano se reúnen allí los delincuentes en busca de un escondite en que estar a salvo del mundo exterior y civilizado, que representa el intento de imponer el bien y el orden.

La acción de *Los cuernos de Don Friolera* tiene lugar en San Fernando del Cabo Estrivel, ciudad costera lindante con Portugal, según declaran las acotaciones. Aunque podría identificarse tanto con Galicia como Andalucía, esta última región parece más probable, especialmente si se acepta San Fernando del Cabo Estrivel como una deformación esperpéntica de San Fernando, la ciudad gaditana. Las "casas encaladas" (81), los "morunos canceles" (81), la personalidad de los personajes y el ambiente de la obra apuntan más hacia el carácter andaluz.

El espacio abierto domina este esperpento. Las ferias, los muelles, los miradores, los patios, los porches, los huertos componen escenas al aire libre que forman la mayor parte de la obra. El billar de doña Calixta es visitado en dos ocasiones, por lo que también cobra cierta importancia como lugar de entretenimiento. Como se afirmó anteriormente, el "billar" es un bar que incorpora mesas para jugar al billar.

Don Manolito y Don Estrafalario también poseen poderes ocultos, pues se sospecha que hicieron "mal de ojo a un burro en la Alpujarra" (172). Esto parece bien verosímil, especialmente dado que es descrito como "un espectro de antiparras y barbas, [es el] clérigo hereje que ahorcó los hábitos en Oñate..." (65). En éste y otros comentarios se observa el humor mordaz y grotesco del autor respecto a su vinculación satánica. El mismo Manolito se ríe del Diablo, al mismo tiempo que muestra su admiración por Goya y Orbaneja, preconizadores del arte grotesco:

> ¡Hay un pecador que se ahorca, y un diablo que ríe, como no los ha soñado Goya!... Es la obra maestra de una pintura absurda. Un Orbaneja de genio. El Diablo que saca la lengua y guiña el ojo, es un prodigio. Se siente la carcajada. Resuena. (67)

De nuevo, este aspecto grotesco irá emparentado con la formulación de la estética del esperpento.

La Corte de los milagros y *¡Viva mi dueño!* presentan la finca de Torre-Mellada en Córdoba. La hacienda, llamada El Coto de los Carvajales, se halla situada en el pueblo de Solana del Maestre, y representa una aldea típica de Andalucía. El narrador la describe con estas palabras:

> Solana del Maestre, famosa por sus mostos y manteni-
> mientos, se halla sobre los confines de La Mancha con Sierra
> Morena. Antañazo, como rezan allí los viejos, estuvo
> vinculada en una Encomienda de Alcántara: Hogañazo, las
> olivas, piaras y rebaños del término se reparten entre dos
> casas de nobleza antigua y un beato arrepentido, comprador
> de bienes eclesiásticos en los días de Mendizábal. Solana del

Maestre, en llanura fulgurante y reseca, es un ancho villar de moros renegados, y sus fiestas, un alarde berebere. (*¡Viva mi dueño!* 112)

El Coto de los Carvajales tiene campos de cultivo y de pasto, cuadras de caballos e incluso un molino. Olivos, encinas, naranjos, limoneros y otros árboles frutales pueblan la finca. Esta también goza de jardines y huertos que la embellecen. La belleza del paisaje merece una descripción poética del narrador:

> En el cielo raso y azul serenaban las lejanías sus crestas de nieves, y en pujante antagonismo cromático encendía sus rabias amarillas la retama de los cerros. Remansábase el agua en charcales. Asomaba, en anchos remiendos, el sayal de la tierra. (*La Corte de los milagros* 129)

Por medio de esta descripción, Valle-Inclán se ha acercado a los modernistas, al emplear con destreza ejemplar el recurso de la sinestesia tan apreciado por el modernismo, si bien con intenciones paródicas. El autor ha añadido al contraste de los colores su ironía deformadora, característica del esperpento: las "rabias amarillas" proporcionan un matiz grotesco a lo poético de la descripción. El calificar al sayal de "anchos remiendos" acentúa el carácter grotesco de la deformación.

Es interesante observar el contraste entre este marco campesino y la nobleza que habita la finca. La transposición de los nobles al espacio campesino andaluz proporciona un choque de clases y de ideas que sólo es superado por las acciones teatrales del Marqués, quien intenta mantenerlos contentos con su artificial apoyo económico, como se manifiesta en la ceremonia que tiene lugar en la iglesia del Vicario de los Verdes, en *¡Viva mi dueño!*, en la que promete ayuda financiera al pueblo indigente.

El bandolerismo típico andaluz de la época se refleja y concentra en la finca: "El bandolerismo, por acá, es endémico, y algunas veces muy conveniente, Señor Marqués. Lo que se llama un mal necesario (*La Corte de los milagros* 90). El Coto es conocido como un refugio de bandoleros, como demuestra el siguiente comentario:

> Está el Coto de Los Carvajales señalado en la crónica judiciaria de aquellos días isabelinos, como madriguera de secuestradores y cuatreros. El Viroque y Vaca Rabiosa,

Carifancho y Patas largas reverdecían los laureles del Tempranillo y Diego Corrientes. El Marqués de Torre-Mellada, en los pagos manchegos, y Su Alteza el Infante Don Sebastián, en Córdoba, eran notorios padrinos de la gente bandolera. (107)

Los bandoleros son los mismos que aparecieron en *Sacrilegio*, por lo que el área en que se desarrolla la acción de las dos obras debe ser la misma, o vecinas. La reaparición de los mismos personajes en esta obra contribuye a la mitificación tanto del espacio como de los delincuentes. Estos también secuestran a un hacendado y lo ocultan en una cueva, como en *Sacrilegio*, si bien de nombre distinto. Esta vez se trata de Villar del Río, en vez de Frasquito. La historia ha sido repetida y remodelada hábilmente. Si en *Sacrilegio* el secuestro era el núcleo de la obra, en *La Corte de los milagros* cobra un carácter episódico y aventurero que contrasta con la vida palaciega del Marqués.

El ocultismo, la magia y el espiritismo presentes en *Sacrilegio* son desarrollados en *La Corte de los milagros*. La descripción de la cueva en que los secuestradores cobijan a su prisionero lo deja bien evidente, como se mostró previamente al analizar el marco simbólico de la cueva (véase sección 3.2.3.). La aparición de la monja Patrocinio a Feliche, Carolina y el Marqués ofrece más ejemplos de sucesos mágicos: "¿Pero es posible que no creas en la aparición de la Madre Patrocinio? ¡Si todos la hemos visto! ¡A mi lado estaba tu pobre padre!" (97). La monja Patrocinio aparece de forma milagrosa en repetidas ocasiones en varias obras, si bien cada vez se observan más detalles. Queda así demostrado que Valle-Inclán reelabora sus propios materiales por expansión.

El paisaje moruno andaluz es descrito con todo su esplendor en *¡Viva mi dueño!*, en la sección dedicada al Vicario de los Verdes:

Aceras angostas. Trianguladas azoquejos. Lumbre de cales. El Arcángel San Rafael levanta el estoque sobre el concurso vocinglero de las fuentes. Brisas de azahares y callejones morados ondulando por tapias de huertos y conventos. Labrados canceles.- Motivos del moro.- Patios de naranjos y arrayanes, arquerías y persianas. En el verde silencio, el espejo de la alberca. La tarde, que acendra en el azul remoto una cristalina claridad de sierra, llegaba con remusgado cabrilleo hasta el catre del Zurdo Montoya -Montoya el Mozo-. (194)

Las paredes encaladas, los azahares, los patios de naranjos, los arrayanes y la presencia del apellido Montoya otorgan un carácter plenamente andaluz al marco. El autor ha sido capaz de resumir, en pocas palabras, gracias a las dotes sintéticas que le ha proporcionado el cubismo, las características del espacio andaluz. Los "patios de naranjos y arrayanes" dan la viva impresión al lector de que se halla en la Alhambra de Granada, donde se cobijan el famoso Patio de los Naranjos y el Patio de los Arrayanes.

4. Londres e Inglaterra.

Baza de espadas es el único libro de Valle-Inclán que desarrolla parte de su acción en Londres. En la tercera sección, varios anarquistas españoles embarcan en Cádiz en el vapor Omega en dirección a Londres para asistir a una reunión de anarquistas, pues la capital británica es conocida por ser un "asilo de todos los anarquistas del mundo" (152). La cuarta sección, llamada "Tratos púnicos", tiene su acción en Londres.

La capital británica aparece descrita con gran realismo. Los revolucionarios españoles, tras hospedarse "en el último piso del Harcourt-Hôtel" (159), discuten acerca de cuál es el mejor modo de trasladarse por Londres: "-Tranvía de Trafalgar Square. -Mejor el ómnibus" (159). A la famosa plaza se añade a continuación otro barrio conocido: "El General Prim, aquellos días del destierro, habitaba una villa en Paddington" (159).

La visión de Inglaterra es la de un país que combina la belleza de su verde paisaje con una gran calidad de trabajo:

Wentworth -húmedas praderas, nebulosos boscajes, sones de esquilas, verdes reumáticos, rubias claras de sol, ñonez inglesa de cromo y de novela-. El humo de las locomotoras mancha el paisaje con regularidad cronométrica registrada en la Guía Oficial de Ferrocarriles. Invariablemente, a las mismas horas, cruzan a lo lejos los trenes, raudos y silbando. (169)

La puntualidad y rapidez de los trenes ingleses deslumbra, sin duda alguna, al narrador, acostumbrado al retraso de los medios de transporte españoles. Eso no es de sorprender, ya que Inglaterra se halla entonces en plena Revolución Industrial: la acción tiene lugar en 1868, durante el reinado de la Reina Victoria (167). El dato lo proporciona la carta que Don Carlos dirige al General Cabrera, que está fechada en Londres el 23 de junio de ese año (175). El ferrocarril era entonces la gran revolución, y cobra gran atención en esta obra. Londres también era entonces famosa por sus avances en relojería, como afirma un relojero que se dirige a la capital británica: "me embarco para estudiar los progresos de la relojería en Londres" (76). Los personajes están muy al día de los avances que se han producido en Inglaterra en los últimos años, por lo que crean un ambiente muy realista.

Carlos VII, entonces en el exilio, tenía una visión parecida de la capital inglesa: "Londres se le aparecía como una gran ciudad de nieblas y chimeneas, rodeada de verdes céspedes, con partidas de caza a caballo" (173). Las chimeneas son también un elemento recurrente en la obra, y reflejan el carácter industrial del país. Las cacerías a caballo reflejan la pasión de los ingleses por el campo y el entretenimiento noble. El General Algarra defiende la gran calidad del "Circo de Invierno", mientras que Don Carlos elogia la "Exposición canina":

> Intervino el General Algarra:
> -El Circo de Invierno este año ha sido magnífico...
> El Pretendiente metía paces:
> -La Exposición canina ha sido para mí una sorpresa. Y las carreras. ¡Qué caballos y qué jinetes...! (173)

Esta discusión sobre lo bueno y lo malo de Inglaterra tenía lugar frente al rey Don Carlos, quien amaba los perros y los caballos. De allí esas alabanzas, pues no querían ofender al rey. Sin embargo, Don Miguel Marichalar, también presente, criticó estas opiniones afirmando: "-Prefiero nuestros caballos andaluces. Torre-Mellada tiene ejemplares en Los Carvajales" (174). En cuanto a la música que se ofrecía en el país, declaró: "-Como músicos, son unos perros" (173). Como se observa, los españoles emigrados se dedicaban mucho a criticar el país a que estaban acogidos. Pese a que parte de *Baza de espadas* tiene lugar en Londres, es en *Luces de bohemia* donde se encuentra el mejor elogio de Inglaterra. Gay Peregrino, tras pasar dos meses en Londres, en cuya Biblioteca Real copió a mano el único ejemplar existente del Palmerín de Constantinopla, alaba la alta dignidad de Inglaterra, basada en su decoro, dignidad y religiosidad:

> -Es preciso reconocerlo. No hay país comparable a Inglaterra. Allí el sentimiento religioso tiene tal decoro, tal dignidad, que indudablemente las más honorables familias son las más religiosas. Si España alcanzase un más alto concepto religioso, se salvaba. (18)

Don Gay declara a continuación su conversión "al cristianismo de oraciones y cánticos, limpio de imágenes milagreras. ¡Y ver la idolatría de este pueblo!" (19). Don Gay pretende evangelizar España y liberarla de la dominación de la Iglesia Católica: "-Maestro, tenemos que rehacer el concepto religioso, en el arquetipo del Hombre-Dios. Hacer la Revolución Cristiana, con todas las exageraciones del Evangelio" (19). Con ese objeto, sugiere crear "la Iglesia Española Independiente" (19).

Además, Don Gay afirma que el nivel de vida de Inglaterra es superior y más económico que el español, basándose en su estancia en el Hotel Saint James Squart:

> -... ¿No caen ustedes? El Asilo de Reina Elisabeth. Muy decente. Ya digo, mejor que aquí una casa de tres pesetas. Por la mañana té con leche, pan untado de mantequilla. El azúcar, algo escaso. Después, en la comida, un potaje de carne. Alguna vez arenques. Queso, té... Yo solía pedir un boc de cerveza, y me costaba diez céntimos. Todo muy limpio. Jabón y agua caliente para lavatorios, sin tasa. (21)

Además de poseer más y mejor comida que España, Inglaterra resulta estar en mejores condiciones higiénicas. Indirectamente, Valle-Inclán está criticando las condiciones generales del país español en favor del británico. Don Latino, tras oír el discurso de Don Gay, se decide a viajar a Inglaterra. Lo malo de Inglaterra, sin embargo, termina declarando Don Gay, es que no goza del sol de España y, al ser reumático, le conviene mejor España para su salud. Pero la visión de Inglaterra del autor es sumamente positiva, y es presentada con admiración.

5. Latinoamérica.

Ya desde un principio, la realidad reflejada por *Tirano Banderas* provocó un gran número de polémicas entre los críticos. César Barja, autor de una de sus primeras recensiones, señaló:

> No conocemos el modelo vivo de *Tirano Banderas* -dícese que el ex-Presidente Huerta-, y el literario no sería fácil dar en la realidad de buenas a primeras...
> Méjico es el [país] más presente en la novela, y de lo que en vicios, licencias e intrigas fueron aquellos caracteres, aquellas costumbres y aquella Corte de la Reina Isabel II allá por el año de 1868, dentro del cual la novela empieza y acaba. (70)

Si César Barja no acertaba a ver la contrafigura de Santos Banderas era por ser éste síntesis de varios dictadores de la Historia americana. José Extramiana veía a Porfirio Díaz como el dictador al que más se aproxima el protagonista, pero, descomponiendo su nombre completo, descubrió que "Hubo un dictador 'Santos' en el Uruguay. Junto a Díaz y a otros jefes militares, en la época de la lucha contra la intervención francesa, figura un 'Santos Degollado'. 'Bandera' (Quintín) fue un notable insurrecto cubano" (470-71).

El mismo Valle-Inclán declaró que *Tirano Banderas* representa una síntesis de los tiranos latinoamericanos y de la geografía y el habla americanas:

> Estos tiempos trabajaba en una novela americana: *Tirano Banderas*. La novela de un tirano con rasgos del doctor Francia, de Rosas, de Melgarejo, de López y de don Porfirio. Una síntesis del héroe, y el lenguaje una suma de modismos americanos de todos los países de lengua española, desde el modo lépero al modo gaucho. La República de Tierra Firme es un país imaginario, como esas europeas que pinta en algún libro Abel Hermant. (*Tirano Banderas* VIII-IX) [2]

---

[2] Zamora Vicente saca esta cita de una carta que Valle-Inclán dirigió a Alfonso Reyes en 1923 y que éste publicó en su libro *Tertulia de Madrid*.

El país imaginario es, indudablemente, americano, e incluso diríamos tropical. Pero, pese a estas declaraciones, Méjico parece el país que más se ha elaborado dentro del contexto de la novela. Los nombres de varios personajes aportan alusiones significativas a la geografía mejicana:

> *Santos*. Rancho de Méjico, Est. de Aguas Calientes, part. y mun. de Calvillo; unos 300 hab.

> *Banderas*. Bahía de la costa mejicana del Pacífico, cercada al N. por las islas Maristas y la punta Mita, y al S. por el cabo Corrientes. En su fondo desemboca el río Piginio o Ameca, que separa los territorios de Tepic y de Jalisco.

> *Chino*. Rancho de Méjico, Est. de Zacatecas, mun. de Pinos.

> *San José*. Canal de la costa oriental del Territorio de la Baja California (Méjico)/ Rancho en el Est. de Chiapas/ Rancho en el Est. de Oaxaca.

> *Benito de San Juan*. San Juan. Punta de la costa de Méjico, correspondiente al Est. de Veracruz/ Hac. en el Est. de Chiapas/ Rancho en el Est. de Chiapas.

Filomeno Cuevas:
> *Cuevas*. Lomas de Méjico, en el mun. de Hueypoxtla, Est. de Méjico/ [Varios ranchos y lugares. Uno, en el Est. de Coahuila]. (*Enciclopedia Universal Ilustrada Europeo Americana*)

Los topónimos que aporta Valle-Inclán también apuntan hacia Méjico como el país en que se desarrolla:

Tierra Caliente:
> Hac. de Méjico, en el Est. y dep. de Chiapas, mun. de San Gabriel; 80 hab. (*Enciclopedia*)

Punta Serpientes:

> *Punta.* Est. del f. c. Central de Méjico, Est. de Aguas
> Calientes/ Ranchería de Chiapas, mun. de Torralá.
> (*Enciclopedia*)

En cuanto a Santa Fe, la hay en Argentina, Cuba y Nuevo Méjico, que
pasó a formar parte de la unión norteamericana en 1912. Pero también
es un "rancho de Méjico, Est. de Coahuila, dist. de Centro, mun. de
Saltillo; unos 250 hab" (*Enciclopedia*).

El léxico empleado, sin embargo, recoge vocablos de gran parte
de los dialectos americanos, como Zamora Vicente evidencia en su
edición crítica de la novela. Pero el ambiente de la novela tiene más de
México que de los demás países americanos. Como Evelyn Smith
afirma, "Tierra Caliente and its dictator bear a closer resemblance to the
Mexico of Porfirio Díaz than to any other Latin-American state" (37).

Evelyn Smith observa significativas semejanzas entre el gobierno
de Porfirio Díaz con el de Santos Banderas:

> Porfirio Díaz was dictator of Mexico from 1876 to 1911.
> His regime, like Santos Banderas', was ended by a
> revolution, although he did not meet the violent death Valle
> ascribes to his Tyrant. Porfirio Díaz too was of Indian
> extraction and professed the same indifference to those of his
> own race as does Santos Banderas in Valle's novel. (37)

También debe recordarse que Valle-Inclán viajó a México en dos
ocasiones: en 1892 y en 1921. En la primera fecha, Porfirio Díaz
estaba en el clímax de su poder, por lo que el escritor no pudo pasar
desapercibido su gobierno. En cambio, su conocimiento de los otros
países latinoamericanos era mucho menor, ya que apenas viajó a
Argentina, Paraguay, Bolivia y Chile para acompañar a su esposa, la
actriz Josefina Blanco (Smith 39).

La geografía descrita en *Tirano Banderas* presenta un país tropical.
Esteros, marismas, manglares y médanos pueblan Tierra Caliente, así
como chumberas, cocuyos, juncos y bejucos forman su vegetación
natural. La presencia permeante de los cactos hace pensar
especialmente en México, de donde esta planta es procedente. Pero
toda esta vegetación proporciona un marco salvaje tropical típico, ideal
para insertar a los americanos indígenas y la lucha entre el tirano y los
revolucionarios que pretendían terminar con él.

La América Latina reflejada en la novela es una transposición de España al nuevo continente. Dos terceras partes de los personajes proceden de España: la colonia española y el cuerpo diplomático español. Los indígenas forman la única población nativa americana, y son los personajes con quienes más simpatiza el narrador. La colonia y la diplomacia españolas padecen la sátira feroz del esperpento.

Mientras que los indios muestran sus supersticiones, la colonia proporciona conocimientos ocultistas y teosóficos. Es Roque Cepeda el núcleo y origen de las enseñanzas teosóficas, quien intenta transmitir sus conocimientos ocultos a sus compañeros:

Voy a procurarle *El Sendero Teosófico*: Le abrirá horizontes desconocidos... reconociéndose tan carente de espíritu religioso, usted será siempre un revolucionario muy mediocre. Hay que considerar la vida como una simiente sagrada que se nos da para que la hagamos fructificar en beneficio de todos los hombres. El revolucionario es un vidente... A ninguno de nuestros actos puede ser ajena la intuición de eternidad. Solamente los hombres que alumbran todos sus pasos con esa antorcha logran el culto de la Historia. La intuición de eternidad trascendida es la conciencia religiosa. Y en nuestro ideario, la piedra angular, la redención del indio, es un sentimiento fundamentalmente cristiano. (192-93)

Como vemos, Roque Cepeda ha identificado la revolución con la teosofía, así como ha asumido el papel de redentor del indio. Este credo teosófico entronca con la estructura numerológica que se había analizado antes en el primer capítulo (un prólogo, tres secciones de tres escenas cada una, una parte central con siete escenas, tres secciones más de tres escenas cada una y un epílogo: todas las partes, simétricas). El mismo narrador explica poco después que la teosofía de Roque Cepeda lindaba "con la cábala, el ocultismo y la filosofía alejandrina" (194-95). Más adelante aparece Michaelis Lugín, que estaba iniciado "en la Ciencia Secreta de los Brahmanes de Bengala" (262). Este declara ser un discípulo de Mesmer. El ocultismo aparece así mezclado con la superstición india. Los títulos de varias secciones sugieren más aspectos ocultistas: "Amuleto nigromante", "Nigromancia", "El número tres".

Se ha visto así cómo Valle-Inclán elaboró, en esta novela, un sinfín de juegos laberínticos capaces de desconcertar a cualquiera. Pretendiendo ofrecer una síntesis de América por medio de un país imaginario regido por un tirano que representa a muchos de los tiranos históricos del continente, parece que se decantó, aun quizás sin notarlo, por ofrecer más huellas de México que de ningún otro país. Los personajes de esta América se hallan bajo la influencia de corrientes místicas indias, la teosofía entre ellas, que proporcionan, junto con otros movimientos ocultistas, un ambiente de misterio a la novela. El marco geográfico muestra elementos tropicales, lo que limita, de un modo impreciso, la localización de *Tirano Banderas*. La situación cronológica abarca períodos distintos, por lo que la ausencia de situación espacial y temporal dota a la obra de la perspectiva desde arriba peculiar al esperpento, la visión astral que pretende una observación objetiva de la realidad, pero que es parodiada por el autor para ofrecer una deformación sistemática de los personajes.

6. El espacio indefinido.

Hay varias obras en Valle-Inclán en que el espacio en que se desarrolla la obra no es identificado: *Ligazón, La rosa de papel, La cabeza del Bautista* y *Las galas del difunto*. Las tres primeras forman parte del *Retablo de la avaricia, la lujuria y la muerte*, mientras que la última pertenece a *Martes de Carnaval*.

Ligazón es un "auto para siluetas" que parece tener lugar en una aldea. La pieza nos presenta a un afilador callejero que se detiene ante la ventana de una venta para ofrecer sus servicios, y cómo éste intenta seducir a la moza que le atiende. La mozuela resulta ser una bruja y tener poderes telepáticos: cuando el afilador vuelve, ésta adivina dónde ha estado y lo que le ocurrió en el puente. La aventura termina con que la moza adquiere rasgos vampíricos, pues intenta beber la sangre del afilador y hacer un pacto de sangre con él (35). Acaba asesinándolo violentamente con unas tijeras. El satanismo ambiental de *Ligazón* recuerda a la Galicia rural que presenta Valle en las *Sonatas* y en *Divinas palabras*, pero no hay referencia geográfica alguna que nos lo confirme. Esta indefinición del espacio sólo puede ser explicada por una decidida voluntad del autor de mitificar este marco de brujería y superstición. Este marco adquiere plena categoría estética, como era la intención de Valle. *La rosa de papel*, subtitulada "melodrama para marionetas", que tiene el mismo clima satánico y de superstición, lo demuestra en palabras del mismo narrador:

> La pañoleta floreada ceñida al busto, las tejas atirantadas por el peinado, las manos con la *rosa de papel* saliendo de los vuelillos blancos, el terrible charol de las botas, promueven un desacorde cruel y patético, acaso una *inaccesible categoría estética*. (67-68) [énfasis añadido]

La cabeza del Bautista es un "melodrama para marionetas" que tampoco se halla localizado. Tiene más ambiente urbano que rural, pues sus personajes visitan fundamentalmente cafés, bares y billares. El ambiente recuerda a Andalucía. La presencia de indianos hace esto más verosímil. La obra presenta una pugna entre Don Igi, el dueño de un bar, y el Jándalo, recién llegado de América. El mismo Don Igi explica el origen de la disputa:

> - ... ¡Ese trueno [Jándalo] es hijo de mi difunta Baldomerita! ¡Mató a su mamá por heredarla, y me complicó en el crimen! ¡Lo creyeron, con el odio que allí hay para todos los españoles prominentes! ¡Por apasionamiento se indujeron en mí contra los jueces! (165)

Los jueces condenaron al Jándalo a prisión, por lo que éste a regresado con la intención de vengarse de Don Igi. Pero éste convence a la Pepona para que distraiga al Jándalo seduciéndolo, permitiéndole así matarlo por la espalda, lo que termina haciendo. Lo apuñala con un cuchillo mientras la Pepona lo estaba besando. Pero el beso de la muerte hechiza a su mujer, enamorándola del Jándalo. El resultado es esotérico: "Parece cambiada la ley de las cosas y el ritmo de las acciones. Como en los sueños y en las muertes, parece mudada la ley del tiempo" (180). La obra cobra así carácter mítico, como las restantes del *Retablo*.

Las galas del difunto presenta una ciudad costera con puerto. Podría estar localizada en Galicia o Andalucía, aunque el ambiente se inclina más por esta región. Una breve cita apunta hacia esta decisión: "EL BIZCO MALUENDA esconde los pepinos y tomates para un gazpacho" (28). La presencia del gazpacho, típicamente andaluz, hacen creer que la acción tiene lugar en Andalucía. El cementerio es el escenario central del esperpento, donde Juanito Ventolera, parodia de

Don Juan Tenorio, roba el terno del cuerpo enterrado del licenciado Sócrates Galindo. Este acto hereje, junto con la constante presencia de una bruja, ofrecen un ambiente de brujería y superstición al espacio. El licenciado murió fulminado bajo la presencia de la bruja, que posee una "pupila mágica" (22) y que "abre círculos" (26). El carácter satánico también domina esta obra, en la que las transgresiones heréticas son comunes.

La característica común a todas estas obras es la presencia dominante de satanismo y brujería, que ofrece un ambiente lleno de misterio, superstición y terror a lo desconocido. Todos estos espacios podrían ser una parodia del Infierno y de los poderes ocultos del Diablo. Valle-Inclán nos ofrece personajes arquetípicos universales y desmitificarlos por medio de su lente deformadora. El no identificar su localización contribuye a su universalización.

Capítulo 5

Espacio escénico y espacio novelesco

En un estudio sobre el espacio en Valle-Inclán no podía faltar una comparación entre el espacio escénico descrito por las acotaciones dramáticas y el espacio novelesco. Se entiende por espacio escénico el modo en que el autor describe la decoración de la escena y los personajes que intervienen en la obra. El espacio novelesco comprenderá el método empleado por Valle-Inclán para describir dónde tiene lugar la acción de la novela, que, evidentemente, no necesita ser transcrito para su representación dramática, como es el caso de la obra teatral. El presente capítulo pretende estudiar estos dos métodos y establecer sus semejanzas y diferencias.

1. El espacio escénico.

Se ha hablado mucho de su irrepresentabilidad y de lo poético de su estilo. Angel Raimundo Fernández, estudiando fundamentalmente los signos no verbales de *Luces de bohemia*, proporciona el análisis más detallado sobre las acotaciones esperpénticas. Basándose en un modelo propuesto por T. Kowzan, Fernández clasifica los signos no verbales según se refieran al actor o a elementos foráneos al actor. Los primeros describen la expresión corporal (la mímica, el gesto, el movimiento) y la apariencia externa del actor (el maquillaje, el peinado y el traje); los segundos describen el aspecto del espacio escénico (accesorios, deco-

rado e iluminación) y los efectos sonoros no articulados (música y sonido).

Partiendo de este esquema, Fernández analiza los elementos que constituyen las acotaciones dramáticas y los problemas de representarlas. La conclusión de su estudio es que

> Valle concede mayor importancia a la actitud, al gesto, al movimiento que a otros aspectos del personaje. Su predilección por los valores plásticos, los más aptos para una visión esperpéntica, supone otra opción. En muchos casos las acotaciones son intensamente sugerentes. (267-68)

Esta conclusión es aplicable a todas sus obras, aunque queda acentuada en los esperpentos, y su metodología proporciona una buena clasificación sumamente útil para llevar a cabo todo tipo de análisis de una obra teatral. En las obras dramáticas, efectivamente, el autor plasma la actitud y el gesto de los personajes en términos sumamente expresivos que suelen ser consistentes con su estética del esperpento.

Queda, sin embargo, por hacer, un análisis del método de elaboración de las acotaciones dramáticas desde el punto de vista estilístico. En este último apartado, se pretende aportar una breve visión de lo que proporciona un carácter único a las acotaciones esperpénticas de Valle-Inclán.

Lo primero que llama la atención en los esperpentos valle-inclanescos es la cantidad de acotaciones existentes en cada escena, sus dimensiones y su carácter poético. Es común en sus obras el impro- visado añadido de personajes o decorado a mitad de escena, con las consiguientes complicaciones teatrales. De allí que varios criticos hayan señalado su carácter cinematográfico.

El carácter esperpéntico de las acotaciones es apreciado en su máximo esplendor en *Luces de bohemia* y *Martes de Carnaval*, mientras que en *Divinas palabras* y el *Retablo de la avaricia, la lujuria y la muerte* no está tan elaborado. Hay una clara diferencia entre las acotaciones de las primeras y las últimas obras. Las escenas son descritas con frases escuetas y descriptivas en *Luces de bohemia* y *Martes de Carnaval*, por clara influencia del cubismo. El primer esperpento muestra este carácter desde el principio:

Hora crepuscular. Un guardillón con ventano angosto, lleno de sol.
Retratos, grabados, autógrafos repartidos por las paredes, sujetos,
con chinches de dibujante... (5).

Véase aquí la ausencia de verbos, común en los esperpentos así
propiamente llamados.

En cambio, en las otras obras predominan las oraciones largas, con
presencia de verbos conjugados que le dan cierto carácter salmódico, las
cuales describen generalmente las acciones de los personajes, en vez de
únicamente el escenario, como sucede en los esperpentos propiamente
dichos. *Divinas palabras* ejemplifica este estilo:

LUCERO *hace* un gesto desdeñoso, y con la mano vuelta *pega* en
la boca de la coima, que, gimoteando, se *pasa* por los labios una
punta del pañuelo. Mirando la sangre en el hilado, la coima *se
ahínca* a llorar, y el hombre *tose* con sorna, al compás que *saca*
chispas del yesquero. PEDRO GAILO, el sacristán, *levanta* los
brazos entre las columnas del pórtico. (15) [énfasis añadido]

Compruébese el empleo de siete verbos conjugados en apenas ocho
líneas y cómo este uso proporciona un ritmo monótono a la acotación.

Valle-Inclán se atiene a un método sistemático a la hora de elaborar
las acotaciones. Hay ciertos elementos comunes a todas sus acotaciones:
1) La localización de la escena; 2) la iluminación escénica; 3) la
decoración de la escena; 4) la presentación de los personajes; 5) el
sonido ambiental; 6) la presencia de animales. En las siguientes
secciones, analizaremos cómo el autor emplea estos elementos.

1.1. Localización de la escena.

Todas las escenas empiezan con la localización de la acción,
situándola en una población ("San Clemente", "Lugar de Condes", etc.)
o en un sitio determinado ("La casa del pecado", "Farmacia", "El
robledo, al borde de un camino real", etc.). Se define entonces si es un
espacio abierto o cerrado o si posee ambos tipos. Es frecuente encontrar
escenas que alternan espacios abiertos y cerrados al mismo tiempo: una
casa y una calle, por ejemplo. *Luces de bohemia* ofrece varias escenas
de este modo: "La luna sobre el alero de las casas, partiendo la calle por
medio... La Buñolería Modernista entreabre su puerta, y una banda de

luz parte de la acera" (40-41). Esta escena empieza en la calle, frente a la buñolería, para luego pasar a su interior, por lo que requiere un doble espacio simultáneo, interior y exterior. Obviamente, la escenificación teatral se complica. A veces, el emplazamiento corresponde a la realidad, o pretende aparentar que es un espacio real. Como ya se observó, *Luces de bohemia* es el máximo exponente de esto, en donde la realidad histórica es deformada tan sutilmente que se hace difícil distinguir lo histórico de lo ficticio. Como Zamora Vicente observó, Valle-Inclán elaboró sus obras de tal modo que la realidad pareciera ficción y la ficción, realidad. Borges elaboraría sus cuentos del mismo modo, dando dolores de cabeza al lector que intentara investigar sus supuestas fuentes históricas.

Divinas palabras y el *Retablo de la avaricia, la lujuria y la muerte* muestran espacios abiertos fundamentalmente. Su acción suele desarrollarse en el campo ("Pareja de árboles sobre la carretera" [*Divinas palabras* 20]) o en la aldea ("San Clemente" [*Divinas palabras* 13]). Los caminos y los marcos naturales comprenden los escenarios principales: sólo en *Divinas palabras* se aprecian seis caminos distintos y bosques de tres tipos de árboles diferentes (álamos, robles y castaños). La localización de la escena en vías de comunicación es, pues, muy común en los esperpentos.

En *Luces de bohemia* y *Martes de Carnaval*, obras fundamentalmente urbanas, los espacios cerrados predominantes (casas, bares, farmacias, casas de prostitución, etc.) alternan con espacios abiertos, que suelen formarlos la calle (con especial aprecio por las costanillas) y los jardines. El cementerio, como se vio, también cobra cierta importancia, apareciendo en *Luces de bohemia*, *Las galas del difunto* y *Los cuernos de Don Friolera*. Los marcos de transición, la puerta y la ventana, también aparecen en muchas ocasiones, según se observó anteriormente en la sección sobre los marcos de pasaje.

1.2. La iluminación escénica.

La iluminación escénica es fundamental, pues determina el momento del día en que sucede la acción: si es de día o de noche. El sol y la luna cobran así gran trascendencia. En caso de espacios cerrados, la luz de acetileno y las candilejas forman los medios de iluminación más predominantes.

La luz existente define, en muchas ocasiones, el paso del tiempo: el amanecer, la puesta del sol, la luna identifican el momento del día en que se desarrolla la acción. También distingue espacios cerrados de abiertos. *Luces de bohemia* proporciona el ejemplo más claro de cómo la iluminación define los espacios y el transcurso del tiempo. Siguiendo el esquema elaborado en el capítulo 2, y extrayendo de cada círculo la cita que nos especifica qué clase de luz ilumina la escena, se estableció el siguiente esquema:

CIRCULO	ILUMINACION
1	"Hora crepuscular", "sol"
2	"Vela"
3	"Luz de acetileno"
4	"Llama de faroles"
5	"Luz de candilejas"; "mampara"
6	"Arcos voltaicos"
7	"Luna lunera"
8	"Luces de una taberna"
9	"Amaneciendo"

Vemos, pues, como el sol delimita la vida de Max en *Luces de bohemia*: Max aparece con el crepúsculo y muere al amanecer del día siguiente. El tiempo transcurrido son veinticuatro horas, un día completo, y la obra empieza y termina con el amanecer, lo que prueba su carácter circular.

En otras ocasiones, la repetida presencia de la luna indica no sólo que es de noche, sino la inminencia de un acto de violencia que puede terminar en muerte. *Ligazón* ejemplifica este carácter premonitorio al repetir obsesi- vamente la presencia de un claro de luna diez veces, entre las que se podrían citar las siguientes:

A la vera del tapial la luna se espeja en las aguas del dornil donde abrevan las yuntas. (13)

Ladran remotos canes, y la sombra de un mozo afilador se proyecta sobre la estrella de los caminos luneros. (17)

En el claro de luna gira su sombra la rueda del mozo afilador. (19)

LA MOZUELA moja los labios en la copa y se la ofrece al tuno,
que canta la quimera de su tabanque en el claro lunero. (21)

Salen a la penumbra lunaria del emparrado, la dueña y la tía
maulona... (22)

Quiebra el rayo de luna con el brillo de las tijeras. Tumulto de
sombras. Un grito y el golpe de un cuerpo en tierra. (37)

La última cita deja bien claro el carácter premonitorio de la luna. Véase
que incluso objetos distintos pueden asimilar la presencia de la luna:
"caminos luneros" (17), "vano luminoso" (21). Esta presencia, junto
con la de armas metálicas (el cuchillo o las tijeras) adquiere un carácter
simbólico premonitivo y acentúa el carácter de terror de la obra.

1.3. La decoración de la escena.

Valle-Inclán también presta atención al decorado que forma la escena,
describiéndolo especialmente con detalle si es un espacio cerrado. Los
espacios abiertos, generalmente, no son descritos tan minuciosamente,
por ser generalmente metafóricos o literarios, como ejemplifica la
primera acotación a *Ligazón*:

Claro de luna. El ventorrillo calca el recuadro luminoso de su
puerta, en la tiniebla de un emparrado. A la vera del tapial la luna
se espeja en las aguas del dornil donde abrevan las yuntas. Sobre la
puerta iluminada se perfila la sombra de una mozuela. Mira al
campillo de céspedes, radiados con una estrella de senderos.
Pegada al tapiado, por el hilo que proyectan las tejas, una sombra
-báculo y manto- discierne con trencos compases su tenue relieve.
La sombra raposa conquiere a LA MOZUELA. (13)

Obsérvese aquí como el autor ha convertido una acotación escénica en
un marco de recreación literario-estilística, en que las metáforas
proporcionan tanta belleza al texto como dificultades de representación.
Divinas palabras es así la obra en que el decorado es descrito con menos
detalle, mientras que *Luces de bohemia* proporciona los decorados más
completos y minuciosos: "Retratos, grabados, autógrafos repartidos por
las paredes, sujetos con chinches de dibujante" (5). No se halla en
ninguna otra parte una descripción tan detallada. Las obras llamadas

esperpentos por el propio autor son las que ofrecen aco- taciones más complejas, dado el carácter esperpéntico de éstas.   La acotación a la escena octava de *Luces de bohemia* ilustrará esta dificultad:

> Secretaría particular de Su Excelencia.   Olor de brevas habanas, malos cuadros, lujo aparente y provinciano.   La estancia tiene un recuerdo partido por medio, de oficina y sala de círculo con timba. De repente el grillo del teléfono se orina en el gran regazo burocrático. (89)

De entrada, se hace difícil escenificar el "olor de brevas habanas"; luego, aparece la dificultad de representar el "recuerdo"; y, más difícil aún es transponer a la escena la metáfora del "grillo del teléfono" orinándose "en el gran regazo burocrático".   Este tipo de metáforas degradantes son muy comunes en Valle-Inclán, por lo que su representación hace que el lector se pierda toda esta riqueza metafórica tan única del autor.   En cuanto a la minuciosidad fotográfica presente, recuérdese el clavo que destacaba en la sien del ya muerto Max Estrella, en un plano claramente cinematográfico, en el que se ha empleado una lente de aproximación: "Astillando una tabla, el brillo de un clavo aguza su punta sobre la sien inerme" (140).

1.4. La presentación de los personajes.

La mayoría de las obras apenas introducen a los personajes: sólo exponen su nombre y su modo de entrada, sin describirlos.   Los personajes sólo son descritos físicamente en *Divinas palabras* y *Los cuernos de Don Friolera*, mientras que en *Luces de bohemia* encontramos definidos además sus estados de ánimo.   Las demás obras apenas los describen: sólo los nombran, explicando únicamente sus acciones.   La caracterización de los personajes cobra así su máxima complejidad en *Luces de bohemia*.

Obsérvense algunas descripciones del estado de ánimo de algunos personajes:

-Madame Collet:

... una mujer pelirrubia, triste y fatigada (5);
.... el gesto abatido y resignado (7)

-Zaratustra:

... promueve, con su caracterización de fantoche, una aguda y dolorosa disonancia muy emotiva y muy moderna. (14)

-Don Gay Peregrino:

... saluda jovial y circunspecto. (17)

-Max Estrella:

... en los ojos ciegos un vidriado triste, de alcohol y de fiebre. (29)

Se observa, por medio de estas citas, cómo el autor presenta a sus personajes desde un punto de vista de narrador omnisciente, expresando sus estados mentales y emocionales. Este rasgo da cierto carácter novelesco a los esperpentos.

La descripción física se hace grotesca en *Luces de bohemia* y *Martes de Carnaval*, donde los rasgos esperpénticos son más patentes y acentuados. La animalización y cosificación de los personajes contribuye a exagerar este carácter grotesco: "Zaratustra, abichado y giboso -la cara de tocino rancio y la bufanda de verde serpiente-, promueve, con su caracterización de fantoche, una aguda y dolorosa disonancia muy emotiva y muy moderna" (*Luces de bohemia* 14). El librero ha sido esperpénticamente transformado en un animal mezcla de cerdo y serpiente, adquiriendo su descripción un carácter emotivo y vanguardista.

1.5. El sonido ambiental.

El sonido ambiental lo comprenden los sonidos emitidos por animales u objetos, tanto si éstos se hallan en escena o no. Es un elemento único

a la obra valle-inclaniana. Se observa en toda su intensidad en *Luces de bohemia*:

Se oye fuera una escoba retozona. Suena la campanilla de una escalera. (7)

En la cueva hacen tertulia el gato, el loro, el can y el librero. (14)

Resuena el golpe de muchos cierres metálicos. (38)

Un trote épico. (40, 51)

Se oyen estallar las bofetadas y las voces tras la puerta del calabozo. (64)

Llega de fuera tumulto de voces y galopar de caballos. (71)

La escena novena es la única que tiene música en este esperpento: "El Café tiene piano y violín. Las sombras y la música flotan en el vaho de humo, y en el livido temblor de los arcos voltaicos" (102). A esta música se añade, sin embargo, el ruido de cucharas contra vasos: "Piano y violín atacan un aire de opereta, y la parroquia del café lleva el compás con las cucharillas en los vasos" (112).

El sonido adquiere dimensiones trágicas cuando se oye el ruido de disparos en la calle, los cuales resultarán en la muerte de un niño en brazos de su madre. También se oirán las campanadas de un reloj de iglesia, señalando la hora. En conclusión, la mayoría del sonido ambiental existente en los esperpentos es el producido por animales y objetos, con apenas presencia de música. Los seres humanos son así otorgados un papel inferior al de los animales y objetos, adquiriendo esta degradación un claro carácter esperpéntico. El diálogo cobra también un papel central.

1.6. La presencia de animales.

Los animales están presentes en todas las obras de Valle-Inclán, de lo que se deduce su importancia. El *Retablo de la avaricia, la lujuria y la muerte* introduce bastantes perros y gatos, si bien también hacen acto de presencia palomas, gallos y gallinas. *Divinas palabras* presenta, además de un "pájaro mago" (61) y un "trasgo cabrío" (90), a un perro que "tiene pacto con el compadre Satanás" (17, 26) y que está "poseído del espíritu profético" (18), por lo que los animales cobran allí rasgos diabólicos. En *Luces de bohemia*, el reparto de personajes incluye "perros, gatos y un loro" (4), si bien, en la escena segunda, "Un ratón saca el hocico intrigante por un agujero" (14). Esta presencia de animales contrasta con el rasgo esperpéntico de la animalización de los personajes que Valle-Inclán tanto practicó. Bajo la lente del esperpento, todo aparece deformado, transformado y tergiversado: las personas parecen animales y los animales, personas. Lo primero se vio ejemplificado en Zaratustra; lo segundo se aprecia en el siguiente diálogo animalesco:

ZARATUSTRA.- ¡No pienses que no te veo, ladrón!
EL GATO.- ¡Fu! ¡Fu! ¡Fu!
EL CAN.- ¡Guau!
EL LORO.- ¡Viva España! (14)

La realidad queda así relativizada: las personas son como animales y los animales, como personas. Incluso los loros terminan hablando: "El loro.- ¡Viva España!" Por el contrario, también hay personas que emiten sonidos animales, como el borracho de *Luces de bohemia*: "Un borracho.- ¡Miau!" (24). La deformación esperpéntica es, así, total: nadie, ni los animales, se escapa de ella.

2. El espacio novelesco.

Mientras el espacio dramático es descrito por medio de las acotaciones, el espacio novelesco lo hace de modo mucho más progresivo, a lo largo de toda la narración. A diferencia del teatro, la novela no plantea problemas de simultaneidad de planos, por lo que el narrador puede describir lo que sucede en varios espacios al mismo tiempo. La visión astral, geométrica, que pretendía Valle-Inclán, es así más fácil de conseguir en la novela.

Si ya se había observado el empleo de recursos cinematográficos en los esperpentos, estos se acentúan aún más en las novelas. *Tirano Banderas* ejemplifica esta diversidad de planos. En la introducción al libro primero, el narrador observa tres planos distintos simultáneamente: Santa Fe de Tierra Firme, San Martín de los Mostenses y la ventana de la torre del convento a la que se asoma Santos Banderas. Véase cómo lo hace el autor:

Santa Fe de Tierra Firme -arenales, pitas, manglares, chumberas- en las cartas antiguas, Punta de las Serpientes... Sobre una loma, entre granados y palmas, mirando al vasto mar y al sol poniente, encendía los azulejos de sus redondas cúpulas coloniales San Martín de los Mostenses... Inmóvil y taciturno, agaritado de perfil en una remota ventana, atento al relevo de guardias en la campa barcina del convento, parece una calavera con antiparras negras y corbatín de clérigo. (15-16)

La simultaneidad de planos, a lo lejos y de cerca, se hacen aquí evidentes.

La Corte de los milagros y *¡Viva mi dueño!* presentan una aproximación parecida al espacio lujoso de la Corte Real. Varias salas son descritas con todo detalle: el camarín (17), la "saleta vecina" (20), el "salón de Gasparini" (22), el "balcón" (22), el "salón del trono" (27), etc.. Los detalles proporcionan el estilo isabelino de la época.

El recurso del "zoom" es empleado con bastante frecuencia: empezar describiendo un espacio desde lejos para irse aproximando progresivamente al objeto deseado. Para describir el Palacio de los Marqueses de Torre-Mellada, por ejemplo, el narrador empieza describiéndolo desde fuera, dándole una introducción histórica:

Aquel caserón, con gran portada barroca, rejas y chatos balcones montados sobre garabatos de hierro, fué, en las postrimerías del reinado isabelino, lugar de muchas cábalas y conjuras políticas. (37)

A continuación, pasa a describir el salón de la Marquesa Carolina: "rancia sedería, doradas consolas, desconcertados relojes" (37). El detalle adquiere entonces máxima relevancia, y el autor clava su mirada en las esquinas menos esperadas, deformando con su estética los objetos o personas que opina merecen tal trato. El espacio novelesco también adquiere así los rasgos esperpénticos.

Esta evocación histórica presente a la hora de describir los escenarios es muy común en las novelas. *La Corte de los milagros* las tiene en abundancia:

El Salón de Carolina Torre-Mellada fué famoso en las postrimerías del régimen isabelino, cuando rodaba en coplas de guitarrón, la sátira chispera de licencias y milagros. (44)

El Suizo y sus tertulias noctámbulas fueron las mil y una noches del romanticismo provinciano. (49)

[El Coto de los Carvajales era] lugar de muchas intrigas y conjuras palaciegas durante el reinado de Isabel II. (83)

Los escenarios de *El Ruedo ibérico* son en muchas ocasiones puestos en el contexto histórico de la época a la que pertenecieron. Lo mismo sucede en *Tirano Banderas*. Véanse unos pocos ejemplos:

> San Martín de los Mostenses, aquel desmantelado convento de donde una lejana revolución había expulsado a los frailes, era, por mudanzas del tiempo, Cuartel del Presidente Don Santos Banderas. -Tirano Banderas-. (15)

> La Legación de España se albergó muchos años en un caserón con portada de azulejos y salomónicos miradores de madera, vecino al recoleto estanque francés, llamado por una galante tradición Espejillo de la Virreina. (29)

La influencia del esperpento en sí en las novelas esperpénticas se aprecia especialmente en su teatralización. La intertextualidad se hace aquí patente a través de una subversión de los géneros en la que el cubismo ocupó un papel fundamental. *La Corte de los milagros* ofrece un ejemplo sumamente claro:

> El Palacio de Torre-Mellada. La gran escalera. La antesala. Reverencias de lacayos. Sigilo de sombras. Timbres de relojes. Haces de luces en candelabros. El Marqués, ratonil y fugaz, cruzó la dorada penumbra de los salones: Frente a los espejos calaba los ojos con pueril desconsuelo, adivinándose la figura lacia, chafada: Penetró en el tocador, seguido del ayuda de cámara... (213).

Esta teatralización cubista del espacio también se aprecia en *Tirano Banderas*:

> El Casino Español -floripondios, doradas lámparas, rimbombantes moldurones- estaba rubicundo y bronco, resonante de bravatas. (49)

> El jardín de la virreina era una galante geometría de fuentes y mirtos, estanques y ordenados senderos. Inmóviles cláusulas de negros espejos pautaban los estanques, entre columnatas de cipreses... (228).

La simple enumeración de los elementos presentes en la escena aporta una evidente visión cubista del espacio.

Finalmente, el espacio novelesco también es en ocasiones poetizado, cobrando un carácter lírico. *La Corte de los milagros* ofrece varios ejemplos de esta otra intertextualidad de géneros:

> En el cielo raso y azul serenaban las lejanías sus crestas de nieves, y en pujante antagonismo cromático encendía sus rabias amarillas la retama de los cerros. Remansábase el agua en charcales. Asomaba, en anchos remiendos, el sayal de la tierra. (129)

Se observa aquí como la sinestesia y la antropomorfización otorgan una belleza a la descripción semejante a la de los escritores modernistas. Valle-Inclán nunca dejó de olvidar por completo sus comienzos modernistas, y ello se aprecia incluso en sus obras más tardías. Este modernismo se ve tamizado, sin embargo, por el filtro del esperpento:

> El espejo de una alberca estrellaba sus mirajes en una métrica de azulejos sevillanos. Aquel jardín pedía las voces de un esquilón de monjas, tal era su gracia sensual y cándida, huidiza del mundo, quebrada de melancolía. (163)

La deformación del mismo lenguaje ("estrellar", "mirajes", etc.), así como la evocación de la sensualidad, la candidez y la melancolía tan típicamente modernistas, proporcionan una graciosa parodia del modernismo que *Tirano Banderas* también lleva a cabo:

> El real de la feria tenía una luminosa palpitación cromática. Por los crepusculares caminos de tierra roja ondulaban recuas de llamas, piños vacunos, tropas de jinetes con el sol poniente en los sombreros bordados de plata. (168)

El procedimiento fílmico del "zoom", la teatralización y la poetización caracterizan así las novelas de Valle-Inclán, las cuales se convierten así en un claro ejemplo de subversión de los géneros tradicionales, como ya lo había sido el esperpento. Teatro, novela y poesía son así combinados y mezclados con gran audacia y maestría única por Valle-Inclán.

Conclusión

Como se ha observado, la mayoría de las obras de Valle-Inclán están estructuradas en base a una arquitectura matemática claramente definida. El objeto de esta estructuración es doble: por un lado, dotar a la obra de simetría; por otro, dotarla de una jerarquía superior por medio del empleo de números mágicos. La estructura valle-inclanesca que más predomina en su obra es, como se ha visto, el nueve, en el que se basan *Luces de bohemia*, *La Corte de los milagros* y *¡Viva mi dueño!*. Estas estructuras están basadas, a su vez, en los espacios en que se desarrolla su acción. La influencia de *La Divina Comedia* de Dante es, así, muy importante en la obra de Valle-Inclán, como demostró el análisis de *Luces de bohemia*.

Los distintos espacios que componen la obra de Valle-Inclán se convierten así en símbolos de otros niveles de realidad. Un estudio del simbolismo de los marcos empleados revela que el autor era consciente de éstos cuando los creó y que los utilizó como punto de partida para elaborar sus argumentos. De allí que se encuentren muchos paralelos entre las acciones de los personajes y los marcos simbólicos correspondientes.

Los marcos simbólicos adquieren así carácter sagrado o satánico, con el objeto de elevar el conjunto de la obra a un nivel sobrenatural. Los marcos cobran así un gran carácter emotivo, estético y místico: intentan reflejar el ansia de conocimiento que Valle expresó al principio de *La lámpara maravillosa*:

> La Contemplación es una manera absoluta de conocer, una
> intuición amable, deleitosa y quieta, por donde el alma goza
> la belleza del mundo, privada del discurso y en divina
> tiniebla: Es así como una *exégesis mística de todo*

conocimiento, y la suprema manera de llegar a la comunión
con el Todo. (7) [énfasis añadido]

El conocimiento contemplativo se convierte, para el autor, en el modo de
alcanzar la comunión con el Universo. Esta declaración se parece así a una
visión panteísta del mundo.

Los marcos empleados por Valle-Inclán pueden clasificarse en cinco
tipos: la casa, los marcos naturales, los marcos de pasaje, los marcos religiosos
y los marcos de entretenimiento. La casa es el centro del universo, pues nuestra
visión del mundo parte de allí, y tiene carácter sagrado, como explicó Mircea
Eliade. Mudarse de casa significa un cambio radical en nuestra visión de la
realidad. Los marcos naturales (el jardín, el marco acuático, la cueva y la luna)
trascienden la realidad terrena para trasladarnos a otros mundos: la cueva, por
ejemplo, representa el Hades clásico. Los marcos de pasaje (el camino, la
escalera, el puente) sirven de mediación para conseguir alcanzar el objetivo,
planteando, no obstante, algún tipo de obstáculo a vencer. Los marcos
religiosos (la iglesia y el convento) permiten transcender el mundo terreno para
alcanzar estados místicos celestiales; el cementerio, sin embargo, es un marco
para la transgresión herética. Los marcos de entretenimiento (el café, el circo,
el teatro, el casino y las ferias) son lugares de reunión cuya función es la de
permitir momentos de ocio.

Tras haber mostrado el simbolismo de los marcos valle-inclanescos,
se proporcionará una visión de las regiones geográficas retratadas en las obras
del autor gallego: Galicia, Madrid, Andalucía, Londres e Inglaterra,
Latinoamérica y lugares indefinidos. Galicia cobra un patente carácter
supersticioso, en el que la brujería, la superstición y la magia ocupan un papel
fundamental: recuerda el ambiente satánico de las *Sonatas*. Madrid representa
el apogeo del esperpento y refleja la España caótica de fines de siglo,
deformada y satirizada por el autor. La nobleza y la realeza salen
particularmente perjudicadas del ataque feroz del escritor. Londres e Inglaterra
tienen una importancia secundaria y resultan ser la sede del anarquismo y la
rebelión en el exilio. La Latinoamérica representada y sintetizada básicamente
por el México de *Tirano Banderas*, deformada por el narrador, refleja a todos
los países hispanoamericanos regidos por crueles dictadores, pero especialmente
al México de Porfirio Díaz o Victoriano Huerta. La descripción cobra gran
vivacidad gracias a la riqueza idiolectal del léxico empleado por el autor.
Finalmente, se encuentra un espacio que es característico en Valle-Inclán: el
espacio indefinido y mítico. La mayoría de las obras del *Retablo de la
avaricia, la lujuria y la muerte*, no especifican el lugar donde se desarrolla su
acción con el objeto de mitificar su marco y de convertir sus personajes y
espacios en arquetipos.

En el último capítulo, estudiando los elementos constitutivos de las
acotaciones dramáticas, se sistematizó el método que emplea Valle-Inclán para

su elaboración. Cinco aspectos resultan siempre presentes en toda acotación valle-inclanesca: la localización de la escena, la iluminación escénica, la decoración de la escena, la presentación (y, a veces, descripción física y del estado de ánimo) de los personajes, el sonido ambiental y la presencia de animales. La iluminación proporciona la situación temporal de la acción y, en ocasiones, dota a las obras de circularidad. El sonido ambiental y la presencia de animales se interrelacionan, pues muchas veces se oyen en la escena sonidos emitidos por animales. Los animales y los personajes invierten papeles en el esperpento, pues se halla un gran número de personas animalizadas y de animales antropomorfizados, producto de la lente deformadora del esperpento.

El esperpento resulta, pues, al mismo tiempo, un medio de estructuración y clasificación de la realidad como uno de deformación. Valle-Inclán consigue, a través del esperpento, otorgar a la realidad niveles ocultos nunca antes alcanzados.

Obras citadas

I. Fuentes primarias

Alighieri, Dante. *La Divina Commedia.* Ed., C. H. Grandgent. Cambridge, Massachussetts: Harvard Univ. Press, 1972.

Darío, Rubén. *Prosas Profanas.* Madrid: Espasa-Calpe, Austral, 1979. Novena ed.

Sagrada Biblia. Ed., Eloíno Nácar y Alberto Colunga. Madrid: Biblioteca de Autores Cristianos, 1966.

Valle-Inclán, Ramón del. *Baza de espadas. Fin de un revolucionario.* Tercera ed. Austral. Madrid: Espasa-Calpe, 1978.

---. *La cabeza del Bautista. Retablo.*

---. *Claves líricas.* Segunda ed. Austral. Madrid: Espasa-Calpe, 1964.

---. *La Corte de los milagros.* Madrid-Barcelona: Nuestro Pueblo, 1938.

---. *Los cuernos de Don Friolera. Martes de Carnaval.*

---. *Divinas palabras.* Novena ed. Austral. Madrid: Espasa-Calpe, 1979.

---. *El embrujado. Retablo.*

---. *Farsa y licencia de la Reina Castiza.* Madrid: Artes de la Ilustración, 1922.

---. *Flor de santidad. La media noche.* Madrid: Espasa-Calpe, 1978.

---. *Las galas del difunto. Martes de Carnaval.*

---. *La hija del capitán. Martes de Carnaval.*

---. *La lámpara maravillosa.* Tercera ed. Austral. Madrid: Espasa-Calpe, 1974.

---. *Ligazón. Retablo.*

---. *Luces de bohemia.* Ed., Alonso Zamora Vicente. Tercera ed. Clásicos Castellanos. Madrid: Espasa-Calpe, 1980.

---. *Martes de Carnaval.* Sexta ed. Austral. Madrid: Espasa-Calpe, 1980.

---. *Retablo de la avaricia, la lujuria y la muerte.* Tercera ed. Austral. Madrid: Espasa-Calpe, 1975.

---. *La rosa de papel. Retablo.*

---. *Sacrilegio. Retablo.*

---. *Tirano Banderas.* Ed., Alonso Zamora Vicente. Clásicos Castellanos. Madrid: Espasa-Calpe, 1980.

II. Fuentes secundarias.

Alvarez Sánchez, Carlos. *Sondeo en "Luces de bohemia", primer esperpento de Valle Inclán.* Sevilla: Universidad de Sevilla, 1976.

Barco Teruel, Enrique. "Los ciegos de Valle-Inclán," *Clavileño* 3.17 (1952): 51-52.

Barja, César. "Algunas novelas españolas recientes," *Bulletin of Hispanic Studies* 5.18 (1928): 67-70.

Belic, Oldric. *La estructura narrativa de "Tirano Banderas".* Madrid: Ateneo, 1968.

Bermejo Marcos, Manuel. *Valle-Inclán: Introducción a su obra.* Madrid: Anaya, 1971.

Billingbrook, Ilion. *Las larvas del ocultismo.* Adaptación de Ciro Bayo. Madrid, 1916.

Blavatsky, Helena Petrovna. *Doctrinas y enseñanzas teosóficas.* Prólogo, biografía y glosario por Rafael Urbano. Trad. de Pablo Ymestal. Madrid: Rivadeneyra, 1922.

Cardona, Rodolfo y Anthony N. Zahareas. *Visión del esperpento. Teoría y práctica en los esperpentos de Valle-Inclán.* Madrid: Castalia, 1970.

Casares, Julio. *Crítica profana.* Austral. Madrid: Espasa-Calpe, 1945.

Cavendish, Richard. *The Black Arts.* Nueva York: Capricorn, 1967.

Cirlot, Juan Eduardo. *Dictionary of Symbols.* Tercera ed. Nueva York: Philosophical Library, 1972.

Eliade, Mircea. *The Sacred & the Profane. The Nature of Religion.* San Diego-Nueva York-Londres: Harcourt Brace Jovanovich, 1959.

---. *Tratado de historia de las religiones. Morfología y dinámica de lo sagrado.* Segunda ed. Madrid: Cristiandad, 1981.

Enciclopedia Universal Ilustrada Europeo-Americana. Barcelona Espasa, 1924. vol. 25. ernández, Angel Raimundo. "La literatura, signo teatral: El problema significativo de las acotaciones dramáticas: Valle-Inclán y *Luces de bohemia,*" en Romera Castillo, José (ed.) *La literatura como signo.* Madrid: Playor, 1981.

Ferrater Mora, José. *El mundo del escritor.* Barcelona: Crítica, 1983.

Garlitz, Virginia M. "El concepto de karma en dos magos españoles: Don Ramón del Valle-Inclán y don Mario Roso de Luna," en Loureiro, Angel G. (ed) *Estelas, laberintos, nuevas sendas: Unamuno, Valle-Inclán, García Lorca, la Guerra Civil.* Barcelona: Anthropos, 1988. 137-149.

Greenfield, Sumner M. *Ramón María del Valle-Inclán: Anatomía de un teatro problemático.* Madrid: Fundamentos, 1972.

Guía-Directorio de Madrid y su Provincia. Madrid: Bally-Bailliere, 1904-23.

Gullón, Ricardo. "El esoterismo modernista," en *Historia y crítica de la literatura española*, 6: *Modernismo y 98.* Barcelona: Crítica, 1980: 69-75.

The Herder Symbol Dictionary. Trans. Boris Matthews. Wilmette, Illinois: Chiron, 1987.

Jung, Carl. *Man and His Symbols.* New York: Dell, 1968.

Kirkpatrick, Susan. "*Tirano Banderas* y la estructura de la historia," *Nueva Revista de Filología Hispánica* 24 (1975): 449-468.

Lima, Robert. *Valle-Inclán. Autobiography, Aesthetics, Aphorisms.* Ensayo sin publicar. 1966.

---. *Valle-Inclán. The Theatre of His Life.* Columbia: Univ. of Missouri Press, 1988.

Lisón Tolosana, Carmelo. *Perfiles simbólico-morales de la cultura gallega.* Madrid: Akal, 1981.

Llorens, Eva. *Valle-Inclán y la plástica.* Madrid: Insula, 1975.

Maier, Carol. "Lugares maravillosos: La creación de un espacio estético en la ficción de Ramón de Valle-Inclán," The Sixth Louisiana Conference on Hispanic Languages & Literatures: 219-230.   In Paolini, Gilbert (ed.) *La Chispa'85: Selected Proceedings.* New Orleans: Tulane University, 1985.

March, María Eugenia. *Forma e idea de los esperpentos de Valle-Inclán.* Estudios de Hispanófila 10. Chapel Hill: Department of Romance Languages, Univ. of North Carolina, 1970.

Martínez Kleiser, Luis. *Los nombres de las antiguas calles de Madrid.* Madrid: Alberto Fontana, 1927.

Morford, Mark P. O. y Robert J. Lenardon. *Classical Mythology.* Nueva York y Londres: Longman, 1985.

Paolini, Claire J. "Mystical Symbolism in the *Sonatas* de Valle-Inclán," *Discurso Literario: Revista de Temas Hispánicos* 3.1 (1985): 133-44.

Reynolds, Mary Trackett. *Joyce and Dante. The Shaping Imagination.* Princeton, N.J.: Princeton Univ. Press, 1981.

Risco, Antonio. *El demiurgo y su mundo: Hacia un nuevo enfoque de la obra de Valle-Inclán.* Madrid: Gredos, 1977.

Rose, Margaret A. *Parody/Meta-fiction.* Londres: Croom Helm London, 1979.

Schiavo, Leda. "La parodia de Dante en *Luces de Bohemia,*" *Filología* 14 (1970): 101-07.

---. *Historia y novela en Valle-Inclán.* Madrid: Castalia, 1980.

Smith, Verity. *Valle-Inclán: Tirano Banderas.* Londres: Támesis Books, 1971.

Speratti-Piñero, E. Susana. *El ocultismo en Valle-Inclán.* Londres, Támesis, 1975.

Theoharis, Constantine. *Joyce's "Ulysses". An Anatomy of the Soul.* Chapel Hill & Londres: Univ. of North Carolina Press, 1988.

Valle-Inclán: Ficción y realidad esperpénticas. Grupos de Trabajo de divulgación teatral de la Escuela Superior de Arte dramático de Madrid. Madrid: Imp. Copion, 1972.

Zamora Vicente, Alonso. *"Las Sonatas" de Valle-Inclán.* Madrid: Gredos, 1969.

Zavala, Iris. "Transgresiones e infracciones literarias y procesos intertextuales en Valle-Inclán," en *Ramón María del Valle-Inclán. Nueva valoración de su obra.* Ed. C.E. Barbeito Utrecht, Holanda: Reichenberg, 1984.